Sabor a Fuego Lento

Placeres Culinarios que se Cocinan a Fuego Lento

Carlos Martínez

Indice

Pollo Con Fideos, Olla De Cocción Lenta 22

INGREDIENTES 22

PREPARACIÓN 23

Pollo Con Cebolla 24

INGREDIENTES 24

PREPARACIÓN 24

Ñoquis De Pollo Con Perejil 25

INGREDIENTES 25

PREPARACIÓN 26

Pollo Con Cebolletas Y Champiñones 27

INGREDIENTES 27

PREPARACIÓN 27

Pollo Con Piña 29

INGREDIENTES 29

PREPARACIÓN 30

Cazuela de pollo y arroz 31

INGREDIENTES 31

PREPARACIÓN 31

pollo con chile 32

INGREDIENTES 32

PREPARACIÓN 33

Pollo y verduras al estilo chino. 34

INGREDIENTES 34

PREPARACIÓN 35

Gallinas de Cornualles con arroz 36

INGREDIENTES 36

PREPARACIÓN 36

Gallinas de Cornualles con salsa de pasas 37

INGREDIENTES 37

PREPARACIÓN 37

Pechuga De Pollo Del Capitán Del Campo 39

INGREDIENTES 39

PREPARACIÓN 40

Pollo campestre y champiñones 42

INGREDIENTES 42

PREPARACIÓN 42

Club de campo de pollo 43

INGREDIENTES 43

PREPARACIÓN 44

pollo con arándanos 45

INGREDIENTES 45

PREPARACIÓN 45

Pollo Arándano II 46

INGREDIENTES 46

PREPARACIÓN 47

Pollo con queso crema 48

INGREDIENTES 48

PREPARACIÓN 48

Cremoso De Pollo Y Alcachofas 50

INGREDIENTES 50

PREPARACIÓN 50

Pollo Cremoso Italiano 52

INGREDIENTES 52

PREPARACIÓN 53

Pollo Criollo 54

INGREDIENTES 54

PREPARACIÓN 55

Pollo Criollo Con Chorizo 56

INGREDIENTES 56

PREPARACIÓN 57

Pollo y alcachofas en olla de barro 58

INGREDIENTES.. 58

PREPARACIÓN 59

Pollo en olla de barro y condimento 60

INGREDIENTES.. 60

PREPARACIÓN 61

Enchilada de pollo al plato caliente en olla de barro 62

INGREDIENTES.. 62

PREPARACIÓN 62

Enchiladas de pollo en olla de barro 64

INGREDIENTES.. 64

PREPARACIÓN 64

Tortillas de pollo en olla de barro 65

INGREDIENTES.. 65

PREPARACIÓN 65

Cassoulet de olla de cocción lenta 67

INGREDIENTES.. 67

PREPARACIÓN 68

Albóndigas Crockpot De Pollo Y Hierbas................................. 69

INGREDIENTES.. 69

PREPARACIÓN 70

Pollo A La Barbacoa En Crockpot 71

INGREDIENTES 71

PREPARACIÓN 72

Pollo A La Barbacoa En Crockpot 73

INGREDIENTES 73

PREPARACIÓN 73

Chile De Pollo Crockpot 74

INGREDIENTES 74

PREPARACIÓN 75

Chow Mein De Pollo Crockpot 76

INGREDIENTES 76

PREPARACIÓN 77

Cordon Bleu De Pollo Crockpot 78

INGREDIENTES 78

PREPARACIÓN 78

Cordon bleu de pollo crockpot II 79

INGREDIENTES 79

PREPARACIÓN 80

Muslos De Pollo Crockpot 81

INGREDIENTES 81

PREPARACIÓN 81

10. Variaciones 82

Receta de fricasé de pollo Crockpot 83

INGREDIENTES 83

PREPARACIÓN 84

Cazuela Reuben De Pollo Crockpot 85

INGREDIENTES 85

PREPARACIÓN 86

Pollo Crockpot Con Alcachofas 87

INGREDIENTES 87

PREPARACIÓN 88

Pollo Crockpot Con Mostaza Dijon 89

INGREDIENTES 89

PREPARACIÓN 89

Pollo Crockpot Con Arroz 90

INGREDIENTES 90

PREPARACIÓN 91

Pollo Crockpot Con Tomates 92

INGREDIENTES 92

PREPARACIÓN 92

Pollo Crockpot Con Cola 93

INGREDIENTES 93

PREPARACIÓN 93

Pollo Criollo Crockpot 94

INGREDIENTES 94

PREPARACIÓN 95

Pollo Crockpot Con Hierbas Y Relleno 96

INGREDIENTES 96

PREPARACIÓN 96

Pollo Crockpot Con Hierbas Y Relleno 98

INGREDIENTES 98

PREPARACIÓN 99

Pollo italiano en olla crockpot 100

INGREDIENTES 100

PREPARACIÓN 101

Frijoles en olla de barro con pollo 102

INGREDIENTES 102

PREPARACIÓN 102

Delicia de pasta y queso Crockpot 103

INGREDIENTES 103

PREPARACIÓN 103

Pollo y relleno Crockpot de Debbie 104

INGREDIENTES 104

PREPARACIÓN 104

Pollo de Diana King 106

INGREDIENTES 106

PREPARACIÓN 106

Pollo Eneldo Con Verduras 107

INGREDIENTES 107

PREPARACIÓN 107

Pollo agridulce de Don 108

INGREDIENTES 108

PREPARACIÓN 109

Pollo con queso fácil en olla de cocción lenta 110

INGREDIENTES 110

PREPARACIÓN 110

Cacciatore De Pollo Fácil 111

INGREDIENTES 111

PREPARACIÓN 111

Salsa De Pasta Con Pollo Fácil 112

INGREDIENTES 112

PREPARACIÓN 113

Pollo Fácil con Almendras 114

INGREDIENTES 114

PREPARACIÓN 115

Olla eléctrica Cassoulet fácil 116

INGREDIENTES 116

PREPARACIÓN 117

Pollo Crockpot Fácil De Cindy Santa Fe 118

INGREDIENTES 118

PREPARACIÓN 118

Pollo asado fácil con salsa de Geoff 119

INGREDIENTES 119

PREPARACIÓN 119

Pollo Con Piña Y Jengibre 120

INGREDIENTES 120

PREPARACIÓN 120

pollo griego 121

INGREDIENTES 121

PREPARACIÓN 121

palillos hawaianos 122

INGREDIENTES 122

PREPARACIÓN 122

Pollo A Las Hierbas Con Verduras 123

INGREDIENTES 123

PREPARACIÓN 124

Pollo a las hierbas con arroz salvaje 125

INGREDIENTES 125

PREPARACIÓN 126

Pollo con miel y jengibre 127

INGREDIENTES 127

PREPARACIÓN 128

Pollo asado con miel y batatas 129

INGREDIENTES 129

PREPARACIÓN 130

Pollo Hoisin Con Miel 131

INGREDIENTES 131

PREPARACIÓN 132

pollo italiano 133

INGREDIENTES 133

PREPARACIÓN 133

Pollo al estilo italiano en la olla eléctrica 135

INGREDIENTES 135

PREPARACIÓN 136

Pollo italiano con espaguetis, olla de cocción lenta 137

INGREDIENTES 137

PREPARACIÓN 138

Stroganoff de pollo ligero 139

INGREDIENTES 139

PREPARACIÓN 140

Pollo en olla de cocción lenta de Lilly con salsa de queso 141

INGREDIENTES 141

PREPARACIÓN 141

pechugas de pollo mexicanas 142

INGREDIENTES 142

Guarniciones opcionales 142

PREPARACIÓN 143

Pollo con Puerros de Paula 144

INGREDIENTES 144

PREPARACIÓN 144

Salsa de barbacoa 145

PREPARACIÓN 145

Pollo y albóndigas Sherri's 147

INGREDIENTES 147

PREPARACIÓN 148

Pollo BBQ Fácil En Olla De Cocción Lenta 149

INGREDIENTES 149

PREPARACIÓN 149

Pollo Dijon En Olla De Cocción Lenta 150

INGREDIENTES 150

PREPARACIÓN 150

Pollo BBQ en olla de cocción lenta 151

INGREDIENTES 151

PREPARACIÓN 151

Muslos de pollo a la parrilla en olla de cocción lenta 152

INGREDIENTES 152

PREPARACIÓN 152

Salsa para pasta con pollo y salchicha en olla de cocción lenta 154

INGREDIENTES 154

PREPARACIÓN 154

Pollo al curry en olla de cocción lenta 156

INGREDIENTES 156

PREPARACIÓN 156

Pollo al curry con arroz en olla de cocción lenta 157

INGREDIENTES 157

PREPARACIÓN 157

Enchiladas de pollo en olla de cocción lenta 159

INGREDIENTES 159

PREPARACIÓN 160

Fricasé de pollo con verduras en olla de cocción lenta 161

INGREDIENTES 161

PREPARACIÓN 162

Pollo cocido a fuego lento en salsa picante 163

INGREDIENTES 163

PREPARACIÓN 163

Madras de pollo en olla de cocción lenta con curry en polvo 164

INGREDIENTES 164

PREPARACIÓN 164

Pollo cocido a fuego lento con champiñones 165

INGREDIENTES 165

PREPARACIÓN 165

Cordón Azul. cocinado a fuego lento 167

INGREDIENTES 167

PREPARACIÓN 167

Pollo Dijon en olla de cocción lenta 169

INGREDIENTES 169

PREPARACIÓN 169

Pollo al limón en olla de cocción lenta 171

INGREDIENTES 171

PREPARACIÓN 172

Pollo desmenuzado cocido a fuego lento 173

INGREDIENTES 173

PREPARACIÓN 174

Salchicha Ahumada Y Repollo 175

INGREDIENTES 175

PREPARACIÓN 176

Pollo Español Con Arroz 177

INGREDIENTES 177

PREPARACIÓN 177

Muslos de pollo a la parrilla de Tami 179

INGREDIENTES 179

PREPARACIÓN 179

Mozzarella de pollo Crockpot de Tami 180

INGREDIENTES 180

PREPARACIÓN 180

chile de pollo blanco 181

INGREDIENTES 181

PREPARACIÓN 181

Pollo y frijoles negros en olla de cocción lenta 182

INGREDIENTES 182

PREPARACIÓN 183

Pollo y condimentos, olla de cocción lenta. 184

INGREDIENTES 184

PREPARACIÓN 184

Pollo y champiñones, olla de cocción lenta 185

INGREDIENTES 185

PREPARACIÓN 185

Pollo y arroz parmesano, olla de cocción lenta 187

INGREDIENTES 187

PREPARACIÓN 187

Pollo y Camarones 188

INGREDIENTES 188

PREPARACIÓN 188

Receta De Pollo Y Relleno 190

INGREDIENTES 190

PREPARACIÓN 191

Pechugas de pollo en salsa criolla 192

INGREDIENTES 192

PREPARACIÓN 192

Pollo Con Chili Y Sémola 194

INGREDIENTES 194

PREPARACIÓN 194

delicia de pollo 195

INGREDIENTES 195

PREPARACIÓN 196

Enchiladas de pollo para olla de cocción lenta 197

INGREDIENTES 197

PREPARACIÓN 197

Pollo Vegas 198

INGREDIENTES 198

PREPARACIÓN 198

Pollo parisino para olla de cocción lenta 199

INGREDIENTES 199

PREPARACIÓN 199

Cazuela De Pollo Reuben, Olla De Cocción Lenta 200

INGREDIENTES 200

PREPARACIÓN 200

Pollo con arándanos 201

INGREDIENTES 201

PREPARACIÓN 201

Pollo con salsa y salsa, olla de cocción lenta. 202

INGREDIENTES 202

PREPARACIÓN 203

Pollo con macarrones y queso gouda ahumado 204

INGREDIENTES 204

PREPARACIÓN 205

Pollo Con Cebolletas Y champiñones, Olla De Cocción Lenta 206

INGREDIENTES 206

PREPARACIÓN 206

Pollo Con Piña 207

INGREDIENTES 207

PREPARACIÓN 208

Pollo Capitán Country 209

INGREDIENTES 209

PREPARACIÓN 210

Pollo campestre y champiñones 211

INGREDIENTES 211

PREPARACIÓN 211

PAG 212

ollo de arándanos 213

INGREDIENTES 213

PREPARACIÓN 214

Pollo Cremoso Italiano 215

INGREDIENTES 215

PREPARACIÓN 215

Lasaña De Pollo Crockpot 216

INGREDIENTES 216

PREPARACIÓN 216

Cazuela Reuben De Pollo Crockpot 218

INGREDIENTES 218

PREPARACIÓN 218

Pollo Crockpot Robusto 219

INGREDIENTES 219

PREPARACIÓN 219

Pollo Crockpot Con Alcachofas 220

INGREDIENTES 220

PREPARACIÓN 221

Pollo Con Fideos, Olla De Cocción Lenta

INGREDIENTES

- 2 cucharaditas de caldo de pollo granulado o base
- 1 cucharada de perejil fresco picado
- 3/4 cucharadita de condimento para aves
- 1/3 taza. tocino canadiense cortado en cubitos o jamón ahumado
- 2 o 3 zanahorias, cortadas en rodajas finas
- 2 ramas de apio, en rodajas finas
- 1 cebolla pequeña, cortada en rodajas finas
- 1/4 taza. cascada
- 1 pollo asado (aproximadamente 3 libras), cortado en trozos
- 1 lata (10 3/4 oz.) de sopa de queso cheddar condensado
- 1 cucharada de harina para todo uso
- 1 paquete (16 onzas). fideos anchos de huevo, cocidos y escurridos
- 2 cucharadas de pimienta de Jamaica en rodajas
- 2 cucharadas de parmesano rallado

PREPARACIÓN

1. En un tazón pequeño, combine el caldo o la base de pollo, el perejil picado y el condimento para aves; Poner a un lado.

2. En una olla de cocción lenta, coloque capas de tocino o jamón canadiense, zanahorias, apio y cebolla. Agrega agua.

3. Retire la piel y el exceso de grasa del pollo; enjuagar y secar. Coloca la mitad del pollo en la olla de cocción lenta. Espolvorea con la mitad de la mezcla de condimentos reservada. Cubra con el pollo restante y espolvoree con la mezcla de condimentos restante.

4. Mezcle la sopa y la harina y vierta sobre el pollo; No mezclar.

5. Cubra y cocine a temperatura ALTA durante 3 a 3 1/2 horas o a temperatura baja durante 6 a 8 horas, o hasta que el pollo esté tierno y los jugos del pollo salgan claros al cortarlo a lo largo del hueso y las verduras estén tiernas.

6. Coloque los fideos cocidos calientes en una fuente para servir poco profunda de 2 a 2 1/2 cuartos. Coloca el pollo sobre los fideos. Revuelva la mezcla de sopa y las verduras en la olla hasta que se combinen. Vierta las verduras y un poco del líquido sobre el pollo. Espolvorea con pimiento en rodajas y parmesano.

7. Cocine de 4 a 6 pulgadas de una fuente de calor durante 5 a 8 minutos, o hasta que esté ligeramente dorado.

8. Adorne con una ramita de perejil si lo desea.

9. La receta de pollo alpino para 4 personas

Pollo Con Cebolla

INGREDIENTES

- 4 cebollas grandes, cortadas en rodajas finas
- 5 dientes de ajo picados
- 1/4 taza de jugo de limón
- 1 cucharadita de sal
- 1/4 cucharadita de pimienta de cayena (o más si lo desea)
- 4 a 6 pechugas de pollo deshuesadas congeladas, no es necesario descongelarlas
- arroz cocido caliente

PREPARACIÓN

1. Coloque todos los ingredientes excepto el arroz en una olla de barro. Mezclar bien. Cocine de 4 a 6 horas a temperatura BAJA o hasta que el pollo esté bien cocido y aún tierno.

2. Sirva sobre arroz.

Ñoquis De Pollo Con Perejil

INGREDIENTES

- 4 a 6 pechugas de pollo, sin piel
- 1 pizca de sal, pimienta, hojas secas de tomillo, mejorana molida y pimentón
- 1 cebolla grande, rebanada, dividida
- 2 puerros, rebanados
- 4 zanahorias, cortadas en trozos grandes
- 1 diente de ajo, picado
- 1 taza de caldo de pollo
- 1 cucharada de fécula de maíz
- 1 lata (10 3/4 onzas) de crema de pollo condensada
- 1/2 vaso de vino blanco seco
- Ravioles
- 1 taza de bisquick
- 8 cucharadas de leche
- 1 cucharadita de hojuelas de perejil seco
- una pizca de sal
- chile

- una pizca de pimentón

PREPARACIÓN

1. Espolvorea el pollo con sal, pimienta, tomillo, mejorana y pimentón. En el fondo de la olla, coloca la mitad de las rodajas de cebolla, los puerros y las zanahorias. Coloca el pollo sobre las verduras. Espolvorea el ajo picado sobre el pollo y luego agrega las rodajas de cebolla restantes. Disuelva 1 cucharada de maicena en 1 taza de caldo de pollo, luego combine con la crema de caldo de pollo y el vino. Cocine a temperatura ALTA durante aproximadamente 3 horas o a temperatura BAJA durante aproximadamente 6 horas (si cocina a temperatura BAJA, cambie a ALTA cuando agregue los ñoquis).

2. El pollo debe estar tierno, pero no seco.

3. **Albóndigas:** Agrega 1 taza de bisquick, aproximadamente 8 cucharadas de leche, perejil, sal, pimienta y pimentón; Forme bolitas y colóquelas encima de la mezcla de pollo durante los últimos 35 a 45 minutos de cocción.

4. Para 4 a 6 porciones.

Pollo Con Cebolletas Y Champiñones

INGREDIENTES

- 4 a 6 pechugas de pollo deshuesadas, cortadas en trozos de 1 pulgada

- 1 lata (10 3/4 onzas) de crema de pollo o crema de pollo y champiñones

- 8 onzas de champiñones rebanados

- 1 bolsa (16 onzas) de cebollas perla congeladas

- Sal y pimienta para probar

- perejil picado, para decorar

PREPARACIÓN

1. Lavar el pollo y secarlo. Córtelo en trozos de aproximadamente 1/2 a 1 pulgada y colóquelo en un tazón grande. Agrega la sopa, los champiñones y

la cebolla; revuelve para combinar. Rocíe el inserto de la olla de cocción lenta con aceite en aerosol.

2. Vierta la mezcla de pollo en la olla y espolvoree con sal y pimienta.

3. Cubra y cocine a temperatura BAJA durante 6 a 8 horas, revolviendo hasta la mitad si es posible.

4. Adorne con perejil fresco picado, si lo desea, y sirva sobre arroz o papas cocidas calientes.

5. Para 4 a 6 porciones.

Pollo Con Piña

INGREDIENTES

- 1 a 1 1/2 libras de filetes de pollo, cortados en trozos de 1 pulgada

- 2/3 tazas de mermelada de piña

- 1 cucharada más 1 cucharadita de salsa teriyaki

- 2 dientes de ajo, en rodajas finas

- 1 cucharada de cebolla seca picada (o 1 manojo de cebollas verdes frescas, picadas)

- 1 cucharada de jugo de limón

- 1/2 cucharadita de jengibre molido

- una pizca de cayena, al gusto

- 1 paquete (10 oz) de guisantes dulces, descongelados

PREPARACIÓN

1. Coloque los trozos de pollo en la olla de cocción lenta/cocina de barro.

2. Combine las conservas, la salsa teriyaki, el ajo, la cebolla, el jugo de limón, el jengibre y la cayena; mezclar bien. Vierta sobre el pollo y revuelva para cubrir.

3. Cubra y cocine a velocidad baja de 6 a 7 horas. Agrega los guisantes durante los últimos 30 minutos.

4. Para 4 porciones.

Cazuela de pollo y arroz

INGREDIENTES

- 4 a 6 pechugas de pollo grandes, deshuesadas y sin piel
- 1 lata de sopa de pollo
- 1 lata de crema de apio
- 1 lata de sopa de champiñones
- 1/2 taza de apio cortado en cubitos
- 1 a 1 1/2 tazas de arroz convertido

PREPARACIÓN

1. En una olla de cocción lenta, combine 3 latas de sopa y arroz. Coloque el pollo encima de la mezcla, luego agregue el apio cortado en cubitos. Cocine durante 3 horas a temperatura alta o aproximadamente de 6 a 7 horas a temperatura baja.

2. Prepare de 4 a 6 porciones.

pollo con chile

INGREDIENTES

- 6 mitades de pechuga de pollo deshuesadas, cortadas en trozos de 1 pulgada

- 1 taza de cebolla picada

- 1 taza de pimiento morrón picado

- 2 dientes de ajo

- 2 cucharadas. aceite vegetal

- 2 latas de tomates mexicanos guisados (de aproximadamente 15 onzas cada una)

- 1 lata de frijoles con chile

- 2/3 taza de salsa picante

- 1 cucharadita. Chile en polvo

- 1 cucharadita. comino

- 1/2 cucharadita. sal

PREPARACIÓN

1.
Saltee el pollo, la cebolla, el pimiento y el ajo en aceite vegetal hasta que las verduras se ablanden. Transfiera a una olla de cocción lenta; agregue los ingredientes restantes. Cubra y cocine a temperatura BAJA durante 4-6 horas. Servir con arroz.

2. Para 4 a 6 porciones.

Pollo y verduras al estilo chino.

INGREDIENTES

- 1 a 1 1/2 libras de pechuga de pollo, deshuesada

- 2 tazas de repollo picado en trozos grandes

- 1 cebolla mediana, cortada en trozos grandes

- 1 pimiento rojo mediano, cortado en trozos grandes

- 1 paquete de aderezo para ensalada de pollo Kikkoman

- 1 cucharada de vinagre de vino tinto

- 2 cucharaditas de miel

- 1 cucharada de salsa de soja

- 1 taza de verduras mixtas orientales congeladas

- 2 cucharadas de fécula de maíz

- 1 cucharada de agua fría

PREPARACIÓN

1. Corte el pollo en trozos de 1 1/2 pulgada. Coloca los primeros 8 ingredientes en la olla de cocción lenta; mezclar bien. Tapar y cocinar a fuego lento durante 5-7 horas. Mezcla la maicena y el agua fría; agregue las verduras y cocine de 30 a 45 minutos más, hasta que las verduras estén tiernas.

2. Para 4 a 6 porciones.

Gallinas de Cornualles con arroz

INGREDIENTES

- 2 gallinas de caza de Cornualles
- 1/2 taza de caldo de pollo
- Sal y pimienta con limón al gusto
- arroz hervido caliente

PREPARACIÓN

1. Coloque las gallinas de Cornualles en la olla de cocción lenta (dore primero las gallinas en una sartén ligeramente engrasada, si lo desea). Agrega el caldo de pollo. Espolvorea los pollos con sal y pimienta con limón. Cocine a temperatura BAJA durante 7-9 horas. Retirar los pollos y desnatar la grasa; espesa los jugos con una mezcla de 1 1/2 cucharadas de maicena y 1 cucharada de agua fría. Servir con arroz cocido caliente. Sirve 2.

Gallinas de Cornualles con salsa de pasas

INGREDIENTES

- 1 paquete (6 onzas) de relleno, preparado según las indicaciones
- 4 gallinas de caza de Cornualles
- sal y pimienta
- .
- Salsa de pasas
- 1 frasco (10 onzas) de gelatina de grosella
- 1/2 taza de pasas
- 1/4 taza de mantequilla
- 1 cucharada de jugo de limón
- 1/4 cucharadita de pimienta de Jamaica

PREPARACIÓN

1. Rellenar los pollos con el relleno preparado; Espolvorear con sal y pimienta. Coloque el salvamanteles o un trozo de papel de aluminio

arrugado en la olla de cocción lenta para evitar que los pollos se queden en los jugos. Si está utilizando una maceta de terracota estrecha y profunda, coloque el cuello de las gallinas de Cornualles hacia abajo. En una cacerola de 1 litro, combine la gelatina, las pasas, la mantequilla, el jugo de limón y la pimienta de Jamaica. Cocine a fuego lento, revolviendo, hasta que esté caliente y hirviendo a fuego lento. Unte un poco de salsa sobre los pollos en la olla.

2. Guarde la salsa restante en el refrigerador hasta que esté lista para servir. Cubra y cocine a temperatura BAJA durante 5 a 7 horas, rociando una vez aproximadamente una hora antes del final. Llevar a ebullición el resto de la salsa y verter sobre los pollos al servir.

3. Para 4 porciones.

Pechuga De Pollo Del Capitán Del Campo

INGREDIENTES

- 2 manzanas Granny Smith medianas, sin corazón y cortadas en cubitos (sin pelar)

- 1/4 taza de cebolla finamente picada

- 1 pimiento verde pequeño, sin semillas y finamente picado

- 3 dientes de ajo picados

- 2 cucharadas de pasas o grosellas

- 2 o 3 cucharaditas de curry en polvo

- 1 cucharadita de jengibre molido

- 1/4 cucharadita de pimiento rojo molido o al gusto

- 1 lata (aproximadamente 14 1/2 oz) de tomates cortados en cubitos

- 6 mitades de pechuga de pollo deshuesadas y sin piel

- 1/2 taza de caldo de pollo

- 1 taza de arroz blanco de grano largo convertido

- 1 libra de camarones medianos a grandes, sin cáscara y deshuesados, crudos, opcional

- 1/3 taza de almendras fileteadas

- sal kosher

- Perejil picado

PREPARACIÓN

1. En una olla de cocción lenta de 4 a 6 cuartos, combine las manzanas picadas, la cebolla, el pimiento morrón, el ajo, las pasas o grosellas doradas, el curry en polvo, el jengibre y el pimiento rojo molido; agregue los tomates.

2. Acomode el pollo sobre la mezcla de tomate, superponiendo ligeramente los trozos. Vierta el caldo de pollo sobre las mitades de pechuga de pollo. Tape y cocine a temperatura BAJA hasta que el pollo esté muy tierno al pincharlo con un tenedor, aproximadamente de 4 a 6 horas.

3. Retire el pollo a una fuente caliente, tápelo sin apretar y manténgalo caliente en un horno o calentador a 200°F.

4. Agrega el arroz al líquido de cocción. Aumentar la temperatura al máximo; tape y cocine, revolviendo una o dos veces, hasta que el arroz esté casi tierno, aproximadamente 35 minutos. Agregue los camarones, si los usa; tapa y cocina unos 15 minutos más, hasta que los camarones estén opacos en el centro; corte para probar.

5. Mientras tanto, tuesta las almendras en una sartén pequeña antiadherente a fuego medio hasta que estén doradas, revolviendo ocasionalmente. Poner a un lado.

6. Para servir el plato, sazona la mezcla de arroz al gusto con sal. Montar en una fuente caliente para servir; coloque el pollo encima. Espolvorea con perejil y almendras.

Pollo campestre y champiñones

INGREDIENTES

- 1 frasco de salsa campestre

- 4 a 6 pechugas de pollo

- 8 onzas de champiñones rebanados

- Sal y pimienta para probar

PREPARACIÓN

1. Combine todos los ingredientes; tape y cocine a fuego lento durante 6-7 horas. Servir con arroz o pasta.

2. Para 4 a 6 porciones.

Club de campo de pollo

INGREDIENTES

• 5 manzanas, peladas, sin corazón y picadas

• 6 a 8 cebollas verdes, con hojas verdes, en rodajas

• 1 libra de muslos de pollo, deshuesados, sin piel, sin grasa y cortados en cubos de 2 pulgadas

• 6 a 8 onzas de queso suizo en rodajas

• 1 lata (10 1/2 onzas) de crema de pollo, bien mezclada con 1/4 taza de leche

• 1 caja (6 onzas) de relleno de manzana y pasas de Pepperidge Farm, o use su mezcla de relleno favorita

• 1/4 taza de mantequilla derretida

• 3/4 taza de jugo de manzana

PREPARACIÓN

1. Coloque los ingredientes en una olla de cocción lenta de 3 1/2 a 5 cuartos en el mismo orden que el anterior. Vierte la mezcla de sopa sobre la capa de queso, la mantequilla sobre el relleno y finalmente rocía con el jugo de manzana, asegurándote de que el líquido humedezca todo el pan.

2. Cubra y cocine a temperatura ALTA durante 1 hora y a temperatura BAJA durante otras 4-5 horas.

3. Nota de Rose-Marie:

4. Nosotros lo comimos sin nada pero como hace una salsa maravillosa y el relleno desaparece en el plato, recomiendo servirlo con arroz simple.

pollo con arándanos

INGREDIENTES

- 4 a 6 pechugas de pollo deshuesadas y sin piel
- 1 lata de salsa de arándanos entera
- 2/3 taza de salsa de chile
- 2 cucharadas de vinagre de sidra
- 2 cucharadas de azúcar moreno
- 1 paquete de Sopa de Cebolla Dorada (Lipton)

PREPARACIÓN

1. Coloque las pechugas de pollo en la olla de cocción lenta. Combine los ingredientes restantes; agréguelo a la olla de cocción lenta o de barro, cubriendo bien el pollo. Cubra y cocine a fuego lento de 6 a 8 horas.

2. Para 4 a 6 porciones.

Pollo Arándano II

INGREDIENTES

- 2 libras de pechuga de pollo deshuesada y sin piel
- 1/2 taza de cebolla picada
- 2 cucharaditas de aceite vegetal
- 2 cucharaditas de sal
- 1/2 cucharadita de canela molida
- 1/4 cucharadita de jengibre molido
- 1/8 cucharadita de nuez moscada molida
- pizca de pimienta de Jamaica molida
- 1 taza de jugo de naranja
- 2 cucharaditas de cáscara de naranja finamente rallada
- 2 tazas de arándanos frescos o congelados
- 1/4 taza de azúcar morena

PREPARACIÓN

1. Dorar los trozos de pollo y la cebolla en el aceite; espolvorear con sal.

2. Agregue el pollo dorado, las cebollas y otros ingredientes a la olla de barro.

3. Cubra y cocine a temperatura BAJA de 5 1/2 a 7 horas.

4. Si lo desea, espese los jugos hacia el final del tiempo de cocción con una mezcla de aproximadamente 2 cucharadas de maicena combinada con 2 cucharadas de agua fría.

Pollo con queso crema

INGREDIENTES

- Partes de pollo 3 a 3 1/2 libras

- 2 cucharadas de mantequilla derretida

- Sal y pimienta para probar

- 2 cucharadas de aderezo italiano seco para ensalada

- 1 lata (10 3/4 onzas) de crema de champiñones

- 8 onzas de queso crema, cortado en cubos

- 1/2 vaso de vino blanco seco

- 1 cucharada de cebolla picada

PREPARACIÓN

1. Unte el pollo con mantequilla y espolvoree con sal y pimienta. Colóquelo en una olla de cocción lenta y espolvoree el condimento seco sobre todo.

2. Cubra y cocine a fuego lento durante 6 a 7 horas o hasta que el pollo esté tierno y bien cocido.

3. Unos 45 minutos antes del final, mezcle la sopa, el queso crema, el vino y la cebolla en una cacerola pequeña. Cocine hasta que esté burbujeante y suave.

4. Vierta sobre el pollo, cubra y cocine de 30 a 45 minutos más.

5. Sirve el pollo con la salsa.

6. Para 4 a 6 porciones.

Cremoso De Pollo Y Alcachofas

INGREDIENTES

- 2-3 tazas de pollo cocido en cubitos

- 2 tazas de cuartos de alcachofa congelada o 1 lata (aproximadamente 15 onzas), escurridas

- 2 onzas de pimiento rojo triturado, escurrido

- 1 frasco (16 onzas) de salsa Alfredo

- 1 cucharadita de base de pollo o caldo

- 1/2 cucharadita de albahaca seca

- 1/2 cucharadita de ajo en grano o en polvo

- 1 cucharadita de perejil seco, opcional

- Sal y pimienta para probar

- 8 onzas de espaguetis, cocidos y escurridos, opcional

PREPARACIÓN

1. Yo cocino alrededor de medio kilo de pollo en un poco de agua sazonada con limón y ajo, pero puedes usar pechugas de pollo cocidas o sobras de pollo. Combine todos los ingredientes en la olla eléctrica; tape y cocine a fuego lento durante 4-6 horas. Agregue la pasta cocida caliente o úsela

como aderezo para arroz o pasta. Esta receta de pollo y alcachofas en olla de cocción lenta sirve de 4 a 6 personas.

Pollo Cremoso Italiano

INGREDIENTES

- 4 mitades de pechuga de pollo deshuesadas y sin piel

- 1 bolsa de aderezo italiano para ensaladas

- 1/3 taza de agua

- 1 paquete (8 onzas) de queso crema, ablandado

- 1 lata (10 3/4 oz.) de crema de pollo condensada, sin diluir

- 1 lata (4 onzas) de tallos y trozos de champiñones, escurridos

- Arroz o fideos cocidos calientes

PREPARACIÓN

1. Coloque las mitades de pechuga de pollo en una olla de cocción lenta. Combine el aderezo para ensalada y el agua; vierte sobre el pollo. Cubra y cocine a temperatura BAJA durante 3 horas. En un tazón pequeño, mezcle el queso crema y la sopa hasta que se combinen. Agrega los champiñones. Vierta la mezcla de queso crema sobre el pollo. Cocine de 1 a 3 horas más o hasta que el jugo del pollo salga claro. Sirva el pollo italiano con arroz o fideos cocidos calientes.

2. Para 4 porciones.

Pollo Criollo

INGREDIENTES

- 1 pollo frito, cortado en trozos, aproximadamente 3 libras de trozos de pollo

- 1 pimiento verde, picado

- 6 cebollas verdes, aproximadamente 1 manojo, picadas

- 1 lata (14,5 onzas) de tomates, sin escurrir y picados

- 1 lata (6 onzas) de pasta de tomate

- 4 onzas de jamón cocido cortado en cubitos

- 1 cucharadita de sal

- varias gotas de salsa de chile embotellada, como Tabasco

- 1/2 libra de salchicha ahumada en rodajas, andouille, kielbasa, etc.

- 3 tazas de arroz cocido

PREPARACIÓN

1. En una olla de cocción lenta, combine el pollo, el pimiento morrón, la cebolla, los tomates, la pasta de tomate, el jamón, la sal y la salsa de pimienta.

2. Tapar y cocinar a fuego lento durante 6 horas. Sube el control y añade la salchicha y el arroz cocido. Tape y cocine a fuego alto por 20 minutos más.

Pollo Criollo Con Chorizo

INGREDIENTES

- 1 1/2 libras de muslos de pollo deshuesados, cortados en trozos

- 12 onzas de salchicha andouille ahumada, cortada en trozos de 1 a 2 pulgadas

- 1 taza de cebolla picada

- 3/4 taza de caldo de pollo o agua

- 1 lata (14,5 onzas) de tomates cortados en cubitos

- 1 lata (6 onzas) de pasta de tomate

- 2 cucharaditas de condimento cajún o criollo

- una pizca de pimienta de cayena, al gusto

- 1 pimiento verde, picado

- Sal y pimienta para probar

- arroz blanco o integral cocido caliente o espaguetis cocidos y escurridos

PREPARACIÓN

1. En una olla de cocción lenta, combine los trozos de muslo de pollo, los trozos de salchicha andouille, la cebolla picada, el caldo o agua, los tomates (con su jugo), la pasta de tomate, el condimento criollo y la pimienta de cayena.

2. Cubra y cocine la mezcla de pollo y salchicha a temperatura BAJA durante 6 a 7 horas. Agrega el pimiento verde picado aproximadamente una hora antes de cocinar el plato. Pruebe y agregue sal y pimienta, si es necesario.

3. Sirva este sabroso plato de pollo y salchichas sobre arroz hervido caliente o sírvalo con espaguetis o pasta cabello de ángel.

4. Para 6 porciones.

Pollo y alcachofas en olla de barro

INGREDIENTES

- 3 libras de trozos de pollo, freidora, recortados

- sal al gusto

- 1/2 cucharadita de pimienta

- 1/2 cucharadita de pimentón

- 1 cucharada de mantequilla

- 2 tarros de alcachofas marinadas, corazones; reserva de adobo

- 1 lata (4 onzas) de champiñones, escurridos

- 2 cucharadas de tapioca de cocción rápida

- 1/2 taza de caldo de pollo

- 3 cucharadas de jerez seco o más caldo de pollo

- 1/2 cucharadita de estragón seco

PREPARACIÓN

1. Lavar el pollo y secarlo. Sazone el pollo con sal, pimienta y pimentón. En una sartén grande a fuego medio, dore el pollo con la mantequilla y la marinada de alcachofas reservada.

2. Coloque los champiñones y los corazones de alcachofa en el fondo de la olla de cocción lenta. Espolvorea con tapioca. Agrega los trozos de pollo dorados. Vierta el caldo de pollo y el jerez. Agrega el estragón. Tape y cocine a temperatura BAJA durante 7 a 8 horas, o cocine a temperatura ALTA durante 3 1/2 a 4 1/2 horas.

3. Para 4 porciones.

Pollo en olla de barro y condimento

INGREDIENTES

- 4 mitades de pechuga de pollo deshuesadas y sin piel+

- sal y pimienta negra recién molida, al gusto

- 4 rebanadas de queso suizo

- 1 lata (10 3/4 onzas) de crema de pollo condensada

- 1 lata (10 3/4 onzas) de crema de champiñones condensada o crema de apio

- 1 taza de caldo de pollo

- 1/4 taza de leche

- 3 tazas de relleno de migas con sabor a hierbas

- 1/2 taza de mantequilla derretida

PREPARACIÓN

1. Sazone las pechugas de pollo con sal y pimienta y colóquelas en la olla de cocción lenta. Vierta el caldo de pollo sobre las pechugas de pollo. Coloca una rebanada de queso suizo en cada pechuga.

2. Combine ambas latas de sopa y leche en un bol; mezclar bien. Vierta la mezcla de sopa sobre el pollo. Espolvorea la mezcla de relleno sobre todo. Vierta la mantequilla derretida sobre la capa de relleno.

3. Cubra y cocine a fuego lento durante 5-7 horas.

4. Nota: Las pechugas de pollo son muy magras y se secan cuando se cocinan demasiado.

5. Dependiendo de su olla de cocción lenta, el pollo puede cocinarse perfectamente en 4 horas o menos. Para tiempos de cocción más prolongados, pruebe la receta con muslos de pollo deshuesados.

Enchilada de pollo al plato caliente en olla de barro

INGREDIENTES

- 9 tortillas de maíz, 6 pulgadas
- 1 lata (de 12 a 16 onzas) de maíz entero con pimientos, escurridos
- 2-3 tazas de pollo cocido cortado en cubitos
- 1 cucharadita de chile en polvo
- 1/4 cucharadita de pimienta negra molida
- 1/2 cucharadita de sal, o al gusto
- 1 lata (4 onzas) de chiles verdes picados, suaves
- 2 tazas de queso mezclado mexicano rallado o queso Cheddar suave
- 2 latas (10 onzas cada una) de salsa para enchiladas
- 1 lata (15 onzas) de frijoles negros, enjuagados y escurridos
- guacamole y crema agria

PREPARACIÓN

1. Rocíe la olla de cocción lenta con aceite en aerosol antiadherente.
2. Coloque 3 tortillas en el fondo de la olla de cocción lenta.

3. Cubra las tortillas con el maíz, la mitad del pollo, aproximadamente la mitad de los condimentos y la mitad de los chiles.

4. Espolvorea con la mitad del queso rallado y vierte aproximadamente 3/4 taza de salsa de enchilada sobre el queso.

5. Repita con 3 tortillas más, frijoles negros, el pollo restante, condimentos, chiles y queso.

1. Cubra con las tortillas restantes y la salsa para enchiladas.

2. Cubra y cocine a temperatura BAJA durante 5 a 6 horas.

3. Sirva con guacamole y crema agria.

4. De 6 a 8 porciones.

Enchiladas de pollo en olla de barro

INGREDIENTES

- 1 lata grande (19 onzas) de salsa para enchiladas

- 6 mitades de pechuga de pollo deshuesadas

- 2 latas de crema de pollo

- 1 lata pequeña de aceitunas negras en rodajas

- 1/2 taza de cebolla picada

- 1 lata (4 onzas) de pimiento dulce triturado

- 16-20 tortillas de maíz

- 16 onzas de queso Cheddar fuerte rallado

PREPARACIÓN

1. Cocine el pollo y desmenúcelo. Agrega la sopa, las aceitunas, los chiles y la cebolla. Corta las tortillas en gajos. Coloque capas de olla de barro con salsa, tortillas, mezcla de sopa, pollo y queso encima, terminando con queso encima. Cubra y cocine a temperatura BAJA durante 5 a 7 horas.

2. De 8 a 10 porciones

Tortillas de pollo en olla de barro

INGREDIENTES

- 4 tazas de pollo cocido, desmenuzado o cortado en trozos pequeños
- 1 lata de sopa de pollo
- 1/2 seg. salsa de chile verde
- 2 cucharadas. tapioca de cocción rápida
- 1 cebolla mediana picada
- 1 1/2 seg. queso rallado
- 12-15 tortillas de maíz
- Aceitunas negras
- 1 tomate, picado
- 2 cucharadas de cebolla verde picada
- crema agria para decorar

PREPARACIÓN

1. Combine el pollo con la sopa, la salsa picante y la tapioca. Cubra el fondo de la Crock Pot con 3 tortillas de maíz, cortadas en trozos pequeños. Agrega 1/3 de la mezcla de pollo. Espolvorea con 1/3 de la cebolla y 1/3 del queso rallado. Repita las capas de tortillas cubiertas con la mezcla de pollo, cebolla

y queso. Cubra y cocine a temperatura baja de 6 a 8 horas o a temperatura alta durante 3 horas. Adorne con aceitunas negras en rodajas, tomates picados, cebolla verde y crema agria, si lo desea.

Cassoulet de olla de cocción lenta

INGREDIENTES

- 1 libra de frijoles marinados secos, enjuagados

- 4 tazas de agua

- 4 mitades de pechuga de pollo deshuesadas y sin piel, cortadas en trozos de 1 pulgada

- 8 onzas de jamón cocido, cortado en trozos de 1 pulgada

- 3 zanahorias grandes, cortadas en rodajas finas

- 1 taza de cebolla picada

- 1/2 taza de apio en rodajas

- 1/4 taza de azúcar morena bien compacta

- 1/2 cucharadita de sal

- 1/4 cucharadita de mostaza seca

- 1/4 cucharadita de pimienta

- 1 lata (8 onzas) de salsa de tomate

- 2 cucharadas de melaza

PREPARACIÓN

2. En una olla o tetera grande, remoje los frijoles durante la noche en 4 tazas de agua.

3. Cubra y cocine los frijoles a fuego lento durante aproximadamente 1 1/2 horas, hasta que estén tiernos, agregando un poco más de agua si es necesario.

4. Coloca los frijoles y el líquido en la olla. Agrega los ingredientes restantes; mezclar bien.

5. Cubra y cocine a temperatura BAJA durante 7 a 9 horas, hasta que las verduras estén tiernas.

6. Para 6 a 8 porciones.

Albóndigas Crockpot De Pollo Y Hierbas

INGREDIENTES

- 3 libras de trozos de pollo, sin piel
- sal y pimienta
- 1/4 taza de cebolla picada
- 10 cebollas blancas pequeñas
- 2 dientes de ajo, picados
- 1/4 cucharadita de mejorana molida
- 1/2 cucharadita de hojas secas de tomillo, desmenuzadas
- 1 hoja de laurel
- 1/2 vaso de vino blanco seco
- 1 taza de crema agria láctea
- 1 taza de mezcla para galletas
- 1 cucharada de perejil picado
- 6 cucharadas de leche

PREPARACIÓN

1. Espolvoree el pollo con sal y pimienta y colóquelo en una olla de cocción lenta o en una olla sopera. Coloca todas las cebollas en la olla. Agrega el ajo, la mejorana, el tomillo, el laurel y el vino. Tapar y cocinar a fuego lento de 5 a 6 horas. Retire la hoja de laurel. Añadir la nata agria. Sube el fuego a alto y agrega la mezcla de galletas con el perejil. Agrega la leche a la mezcla de galletas hasta que esté bien humedecida. Deje caer las albóndigas de la cucharadita alrededor del borde de la olla. Tape y continúe cocinando a temperatura alta durante otros 30 minutos, hasta que los ñoquis estén bien cocidos.

Pollo A La Barbacoa En Crockpot

INGREDIENTES

- 2 pechugas de pollo deshuesadas y sin piel
- 1 1/2 tazas de salsa de tomate
- 3 cucharadas de azúcar moreno
- 1 cucharada de salsa inglesa
- 1 cucharada de salsa de soja
- 1 cucharada de vinagre de sidra
- 1 cucharadita de hojuelas de chile rojo molido o al gusto
- 1/2 cucharadita de ajo en polvo

PREPARACIÓN

1. Combine todos los ingredientes de la salsa en la olla de cocción lenta. Agrega el pollo; voltearlo para cubrirlo bien con la salsa.

2. Cocine a temperatura alta durante 3 a 4 horas o hasta que el pollo esté completamente cocido. Triture o pique el pollo y regréselo a la salsa en la olla. Mezclar bien para que todas las piezas queden cubiertas.

3. Puede mantener la olla de cocción lenta a fuego lento para mantener el pollo caliente y servirlo en panecillos duros.

4. ¡Delicioso!

Pollo A La Barbacoa En Crockpot

INGREDIENTES

- 1 pollo frito, cortado en trozos o cuartos
- 1 lata de sopa de tomate condensada
- 3/4 seg. cebolla picada
- 1/4 seg. vinagre
- 3 cucharadas. azúcar morena
- 1 cucharada. salsa inglesa
- 1/2 cucharadita. sal
- 1/4 cucharadita. albahaca
- pizca de tomillo

PREPARACIÓN

1. Coloca el pollo en la olla de cocción lenta. Combine todos los demás ingredientes y vierta sobre el pollo. Cubra bien y cocine a temperatura BAJA durante 6-8 horas. Para 4 personas.

Chile De Pollo Crockpot

INGREDIENTES

- 2 tazas de frijoles del norte secos, remojados durante la noche
- 3 tazas de agua hirviendo
- 1 taza de cebolla picada
- 2 dientes de ajo, picados
- 2 o 3 chiles jalapeños enlatados, picados (encurtidos está bien)
- 1 cucharada de comino molido
- 1 cucharadita de chile en polvo
- 1 a 1 1/2 libras de pechugas de pollo deshuesadas, cortadas en trozos de 1 pulgada
- 2 calabacines pequeños o calabacines, cortados en cubitos
- 1 lata de maíz entero (de 12 a 15 onzas), escurrido
- 1/2 taza de crema agria
- 2 1/4 cucharaditas de sal
- 1 cucharada de jugo de lima
- 1/4 taza de cilantro fresco picado y un poco para decorar, si lo desea
- 1 tomate picado para decorar o tomates cherry cortados por la mitad
- crema agria para decorar

PREPARACIÓN

1. Combine los frijoles y el agua hirviendo en una olla de cocción lenta. Deja reposar mientras preparas los demás ingredientes. Agregue la cebolla picada, el ajo picado, el chile jalapeño, el comino y el chile en polvo a la olla. Coloque el pollo encima. Agrega la calabaza cortada en cubitos a la olla. Tape y cocine a fuego lento durante 7-8 horas o hasta que los frijoles estén tiernos. Agrega el maíz, la crema agria, la sal, el jugo de limón y el cilantro picado. Vierta en tazones. Adorne con una cucharada de crema agria, tomate picado y cilantro fresco picado, si lo desea.

Chow Mein De Pollo Crockpot

INGREDIENTES

- 1 1/2 libras de pechugas de pollo deshuesadas, cortadas en trozos de 1 pulgada
- 1 cucharada de aceite vegetal
- 1 1/2 tazas de apio picado
- 1 1/2 tazas de zanahorias picadas
- 6 cebollas verdes, picadas
- 1 taza de caldo de pollo
- 1/3 taza de salsa de soja
- 1/4 cucharadita de pimiento rojo molido o al gusto
- 1/2 cucharadita de jengibre molido
- 1 diente de ajo, finamente picado
- 1 lata (alrededor de 12 a 15 onzas) de brotes de soja, escurridos
- 1 lata (8 onzas) de castañas de agua en rodajas, escurridas
- 1/4 taza de maicena
- 1/3 taza de agua

PREPARACIÓN

1. En una sartén grande, dore los trozos de pollo. Coloque el pollo dorado en la olla de cocción lenta. Agrega el resto de los ingredientes excepto la maicena y el agua. Agitar. Cubra y cocine a temperatura BAJA durante 6-8 horas. Configure la olla de cocción lenta en ALTA. Mezcle la maicena y el agua en un tazón pequeño, revolviendo hasta que se disuelva y quede suave. Agregue los líquidos de la olla de cocción lenta. Manteniendo la tapa ligeramente entreabierta para permitir que escape el vapor, cocine hasta que espese, aproximadamente de 20 a 30 minutos.

2. Sirva con arroz o fideos chow mein. Se puede duplicar por 5 cuartos. ollas de cocción lenta/cocina de barro.

Cordon Bleu De Pollo Crockpot

INGREDIENTES

- 4-6 pechugas de pollo (en rodajas finas)
- 4-6 piezas de jamón
- 4-6 rebanadas de queso suizo o mozzarella
- 1 lata de sopa de champiñones (puede usar cualquier crema)
- 1/4 taza de leche

PREPARACIÓN

1. Coloca el jamón y el queso sobre el pollo. Enrollar y asegurar con un palillo. Coloque el pollo en la olla de cocción lenta/Crock Pot para que parezca un triángulo /_\ Coloque el resto en capas. Mezclar la sopa con la leche; vierte sobre el pollo. Tape y cocine a fuego lento durante 4 horas o hasta que el pollo ya no esté rosado. Sirve sobre los tallarines con la salsa que prepares.

2. Nota de Teresa: es la mejor receta que he probado hasta ahora, muy rica.

Cordon bleu de pollo crockpot II

INGREDIENTES

- 6 mitades de pechuga de pollo
- 6 lonchas de jamón
- 6 rebanadas de queso suizo
- 1/2 seg. Harina
- 1/2 seg. queso parmesano
- 1/2 cucharadita. sal
- 1/4 cucharadita. Pimienta
- 3 cucharadas de aceite
- 1 lata de sopa de pollo
- 1/2 vaso de vino blanco seco

PREPARACIÓN

1. Coloque cada mitad de pechuga de pollo entre trozos de film transparente y dé golpecitos suaves para aplanar hasta que quede uniformemente espesa. Coloca una rebanada de jamón y una rebanada de queso suizo sobre cada pechuga de pollo; Enrollar y asegurar con palillos o hilo de cocina. Combine la harina, el parmesano, la sal y la pimienta en un bol. Enrolle el pollo en la mezcla de parmesano y harina; enfriar 1 hora. Luego de dejar enfriar el pollo, calienta una sartén con 3 cucharadas de aceite; Dore el pollo por todos lados.

2. En una cacerola, combine el caldo de pollo y el vino. Agregue el pollo dorado y cocine a temperatura BAJA durante 4 1/2 a 5 horas o ALTA durante aproximadamente 2 1/2 horas. Espesa la salsa con una mezcla de harina y agua fría (unas 2 cucharadas de harina batidas con 2 cucharadas de agua fría). Cocine por unos 20 minutos más, hasta que espese.

3. Para 6 porciones.

Muslos De Pollo Crockpot

INGREDIENTES

-

12-16 muslos de pollo, sin piel

-

1 taza de jarabe de arce

-

1/2 taza de salsa de soja

- 1 lata (14 onzas) de salsa de arándanos y bayas

- 1 cucharadita de mostaza Dijon

- 1 cucharada de fécula de maíz

- 1 cucharada de agua fría

- cebollas verdes en rodajas o cilantro fresco picado, opcional

PREPARACIÓN

1. Si opta por dejar la piel de los muslos, coloque el pollo en una olla grande, cúbralo con agua y déjelo hervir a fuego alto. Hervir durante unos 5 minutos. Sancochar eliminará parte del exceso de grasa de la piel.

2. Retire el pollo, séquelo y coloque los muslos en la olla de cocción lenta.

3. En un bol, combine el jarabe de arce, la salsa de soja, la salsa de arándanos y la mostaza. Vierta sobre las baquetas.

4. Cubra y cocine durante 6-7 horas a temperatura BAJA o aproximadamente 3 horas a temperatura ALTA. El pollo debe quedar muy tierno, pero no desmoronarse por completo.

5. Retire los muslos de pollo a una fuente para servir y manténgalos calientes.

6. Combine la maicena y el agua fría en una taza o tazón pequeño. Mezclar hasta que quede suave.

7. Aumente la temperatura de la olla de cocción lenta a alta y agregue la mezcla de maicena. Cocine durante unos 10 minutos, hasta que espese.

8. O transfiera los líquidos a una cacerola y déjelos hervir. Agregue la mezcla de maicena y cocine, revolviendo durante uno o dos minutos hasta que la salsa espese.

9. Sirva adornado con cebollas verdes en rodajas o cilantro picado si lo desea.

10. Variaciones

11. Utilice muslos de pollo con hueso o en lugar de muslos. Retire la piel antes de cocinar.

12. Utilice de 6 a 8 muslos de pollo enteros y sin piel en lugar de muslos.

Receta de fricasé de pollo Crockpot

INGREDIENTES

- 1 lata de crema de pollo condensada, reducida en grasa o Solicitud Saludable

- 1/4 taza de agua

- 1/2 taza de cebolla picada

- 1 cucharadita de pimentón molido

- 1 cucharadita de jugo de limón

- 1 cucharadita de romero seco, picado

- 1 cucharadita de tomillo

- 1 cucharadita de hojuelas de perejil

- 1 cucharadita de sal

- 1/4 cucharadita de pimienta

- 4 mitades de pechuga de pollo deshuesadas y sin piel

- aceite en aerosol antiadherente

- Raviolis con cebollino

- 3 cucharadas de manteca

- 1 1/2 tazas de harina

- 2 cucharaditas. Levadura en polvo

- 3/4 cucharaditas. sal

- 3 cucharadas de cebollino o perejil fresco picado

- 3/4 taza de leche descremada

PREPARACIÓN

1. Rocíe la olla de cocción lenta con aceite en aerosol antiadherente. Coloca el pollo en una olla de cocción lenta.

2. Combine la sopa, el agua, la cebolla, el pimentón, el jugo de limón, el romero, el tomillo, el perejil, 1 cucharadita de sal y la pimienta; vierte sobre el pollo. Cubra y cocine a temperatura BAJA durante 6-7 horas. Una hora antes de servir, prepara los ñoquis, a continuación.

3. Albóndigas:

4. Usando una licuadora o tenedores, procese los ingredientes secos y presione hasta que la mezcla parezca harina gruesa.

5. Agrega el cebollino o perejil y la leche; mezcle hasta que esté bien combinado. Con una cucharadita, vierte sobre el pollo caliente y la salsa. Tape y continúe cocinando a potencia ALTA durante unos 25 minutos más, hasta que los ñoquis estén bien cocidos. Sirva con puré de papas o fideos, junto con verduras o ensalada.

Cazuela Reuben De Pollo Crockpot

INGREDIENTES

- 2 bolsas (16 onzas cada una) de chucrut, enjuagadas y escurridas

- 1 taza de aderezo para ensalada rusa ligero o bajo en calorías, cantidad dividida

- 6 mitades de pechuga de pollo deshuesadas y sin piel

- 1 cucharada de mostaza preparada

- 4 a 6 lonchas de queso suizo

- perejil fresco, para decorar, opcional

PREPARACIÓN

1. Coloque la mitad del chucrut en una olla de cocción lenta eléctrica de 3 1/2 cuartos. Espolvorea con aproximadamente 1/3 de taza del aderezo. Cubra con 3 mitades de pechuga de pollo y unte mostaza sobre el pollo. Adorne con el resto del chucrut y las pechugas de pollo. Vierta otra taza de aderezo sobre la cazuela. Refrigere el aderezo restante hasta que esté listo para servir. Tape y cocine a fuego lento durante aproximadamente 3 1/2 a 4 horas, o hasta que el pollo esté completamente blanco y tierno.

2. Para servir, vierta la cazuela en 6 platos. Adorna con una loncha de queso y sazona con unas cucharaditas de salsa rusa. Sirva inmediatamente, adornado con perejil fresco, si lo desea.

3. Para 6 porciones.

Pollo Crockpot Con Alcachofas

INGREDIENTES

- 1 1/2 a 2 libras de mitades de pechuga de pollo deshuesadas y sin piel
- 8 onzas de champiñones frescos rebanados
- 1 lata (14,5 onzas) de tomates cortados en cubitos
- 1 paquete de alcachofas congeladas, de 8 a 12 onzas
- 1 taza de caldo de pollo
- 1/2 taza de cebolla picada
- 1 lata (3-4 onzas) de aceitunas maduras en rodajas
- 1/4 taza de vino blanco seco o caldo de pollo
- 3 cucharadas de tapioca de cocción rápida
- 2 cucharaditas de curry en polvo o al gusto
- 3/4 cucharadita de tomillo seco, picado
- 1/4 cucharadita de sal
- 1/4 cucharadita de pimienta
- 4 tazas de arroz cocido caliente

PREPARACIÓN

1. Enjuague el pollo; secar y reservar. En una olla de cocción lenta de 3 1/2 a 5 cuartos combine los champiñones, los tomates, los corazones de alcachofa, el caldo de pollo, la cebolla picada, las aceitunas en rodajas y el vino. Agrega la tapioca, el curry en polvo, el tomillo, la sal y la pimienta. Agrega el pollo a la olla; vierte un poco de la mezcla de tomate sobre el pollo.

2. Cubra y cocine a temperatura BAJA durante 7-8 horas o ALTA durante 3 1/2-4 horas. Servir con arroz cocido caliente.

3. Prepare de 6 a 8 porciones.

Pollo Crockpot Con Mostaza Dijon

INGREDIENTES

- 4 a 6 pechugas de pollo deshuesadas
- 2 cucharadas de mostaza Dijon
- 1 lata de sopa de champiñones 98% sin grasa
- 2 cucharaditas de almidón de maíz
- una pizca de pimienta negra

PREPARACIÓN

1. Coloque las mitades de pechuga de pollo en el recipiente de cocción lenta.

2. Combine los ingredientes restantes y vierta sobre el pollo.

3. Cubra y cocine a velocidad baja de 6 a 8 horas.

Pollo Crockpot Con Arroz

INGREDIENTES

- 4 a 6 pechugas de pollo deshuesadas y sin piel

- 1 lata (10 3/4 onzas) de crema de champiñones condensada o crema de pollo

- 1/2 taza de agua

- 3/4 taza de arroz convertido, crudo

- 1 1/2 tazas de caldo de pollo

- 1 a 2 tazas de judías verdes congeladas, descongeladas

PREPARACIÓN

1. Coloque las pechugas de pollo en una olla de barro. Agrega la crema de champiñones y 1/2 taza de agua.

2. Agregue 3/4 taza de arroz y caldo de pollo.

3. Agrega las judías verdes.

4. Cubra y cocine a temperatura BAJA durante 6 horas, o hasta que el pollo esté bien cocido y el arroz tierno.

Sirve de 4 a 6 porciones.

Pollo Crockpot Con Tomates

INGREDIENTES

- 4 a 6 pechugas de pollo

- 2 pimientos verdes, rebanados

- 1 lata de tomates guisados picados

- 1/2 botella de aderezo italiano (bajo en grasa si lo desea)

PREPARACIÓN

1. Coloque las pechugas de pollo, los pimientos verdes, los tomates guisados y el condimento italiano en la olla de cocción lenta o en la olla y cocine todo el día (6-8 horas) a fuego lento.

2. Esta receta de pollo guisado con tomate compartida por Myron en Florida

Pollo Crockpot Con Cola

INGREDIENTES

- 1 pollo entero, alrededor de 3 libras
- 1 taza de salsa de tomate
- 1 cebolla grande, cortada en rodajas finas
- 1 taza de cola, Coca Cola, Pepsi, Dr. Pepper, etc.

PREPARACIÓN

1. Lavar y secar el pollo. Sal y pimienta para probar. Coloque el pollo en Crock Pot con la cebolla encima. Agregue cola y salsa de tomate y cocine a temperatura BAJA de 6 a 8 horas. ¡Disfrutar!

2. Publicado por Molly

Pollo Criollo Crockpot

INGREDIENTES

• 1 libra de muslos de pollo deshuesados, sin piel y cortados en trozos de 1 pulgada

• 1 lata (14.5 onzas) de tomates con jugo

• 1 1/2 tazas de caldo de pollo

• 8 onzas de salchicha ahumada completamente cocida, en rodajas

• 1/2 a 1 taza de jamón cocido cortado en cubitos

• 1 taza de cebolla picada

• 1 lata (6 onzas) de pasta de tomate

• 1/4 taza de agua

• 1 1/2 cucharaditas de condimento criollo

• unas gotas de Tabasco u otra salsa de chile

• 2 tazas de arroz instantáneo, crudo•

• 1 taza de pimiento verde picado

PREPARACIÓN

1. Combine el pollo, los tomates, el caldo, las salchichas, el jamón, la cebolla, la pasta de tomate, el agua, los condimentos y la salsa Tabasco en la olla de cocción lenta. Cubra y cocine a temperatura BAJA durante 5-6 horas.

2. Agregue el arroz• y el pimiento verde a la olla y cocine 10 minutos más, o hasta que el arroz esté tierno y se absorba la mayor parte del líquido.

3. Si lo desea, cocine 1 1/2 tazas de arroz normal de grano largo y sirva junto con la mezcla de pollo.

4. Para 6 porciones.

Pollo Crockpot Con Hierbas Y Relleno

INGREDIENTES

- 1 lata (10 1/2 onzas) de crema de pollo con hierbas
- 1 lata (10 1/2 onzas) de crema de apio o crema de pollo
- 1/2 vaso de vino blanco seco o caldo de pollo
- 1 cucharadita de hojuelas de perejil seco
- 1 cucharadita de hojas secas de tomillo, desmenuzadas
- 1/2 cucharadita de sal
- Una pizca de pimienta negra
- 2 a 2 1/2 tazas de relleno rallado sazonado, aproximadamente 6 onzas, cantidad dividida
- 4 cucharadas de mantequilla, cantidad dividida
- 6 a 8 pechugas de pollo deshuesadas y sin piel

PREPARACIÓN

1. Combine las sopas, el vino o caldo, el perejil, el tomillo, la sal y la pimienta.

2. Lavar el pollo y secarlo.

3. Engrase ligeramente un inserto de olla de cocción lenta de 5 a 7 cuartos.

4. Espolvoree aproximadamente 1/2 taza de migas de relleno en el fondo de la estufa y rocíe con aproximadamente 1 cucharada de mantequilla.

5. Cubra con la mitad del pollo y luego con la mitad del relleno restante. Rocíe con la mitad de la mantequilla restante y vierta sobre la mitad de la mezcla de sopa.

6. Repita con el resto del pollo, el relleno rallado, la mantequilla y la mezcla de sopa.

7. Cubra y cocine a temperatura BAJA durante 5 a 7 horas o hasta que el pollo esté bien cocido.

Sirve de 6 a 8 porciones.

Pollo Crockpot Con Hierbas Y Relleno

INGREDIENTES

- 1 lata (10 1/2 onzas) de crema de pollo con hierbas

- 1 lata (10 1/2 onzas) de crema de apio o crema de pollo

- 1/2 vaso de vino blanco seco o caldo de pollo

- 1 cucharadita de hojuelas de perejil seco

- 1 cucharadita de hojas secas de tomillo, desmenuzadas

- 1/2 cucharadita de sal

- Una pizca de pimienta negra

- 2 a 2 1/2 tazas de relleno rallado sazonado, aproximadamente 6 onzas, cantidad dividida

- 4 cucharadas de mantequilla, cantidad dividida

- 6 a 8 pechugas de pollo deshuesadas y sin piel

PREPARACIÓN

1. Combine las sopas, el vino o caldo, el perejil, el tomillo, la sal y la pimienta.

2. Lavar el pollo y secarlo.

3. Engrase ligeramente un inserto de olla de cocción lenta de 5 a 7 cuartos.

4. Espolvoree aproximadamente 1/2 taza de migas de relleno en el fondo de la estufa y rocíe con aproximadamente 1 cucharada de mantequilla.

5. Cubra con la mitad del pollo y luego con la mitad del relleno restante. Rocíe con la mitad de la mantequilla restante y vierta sobre la mitad de la mezcla de sopa.

1. Repita con el resto del pollo, el relleno rallado, la mantequilla y la mezcla de sopa.

2. Cubra y cocine a temperatura BAJA durante 5 a 7 horas o hasta que el pollo esté bien cocido.

Sirve de 6 a 8 porciones.

Pollo italiano en olla crockpot

INGREDIENTES

- 4 libras de trozos de pollo

- 3 cucharadas de aceite de oliva

- 2 cebollas, rebanadas

- 1 cucharadita de sal

- 1/2 cucharadita de pimienta recién molida

- 2 ramas de apio, cortadas en trozos pequeños

- 2 tazas de papas cortadas en cubitos

- 1 lata (14,5 onzas) de tomates cortados en cubitos, sin escurrir

- 1 cucharadita de hojas secas de orégano

- 1 cucharada de hojuelas de perejil seco

- 1 taza de guisantes congelados, descongelados

PREPARACIÓN

1. Dorar las partes del pollo en aceite caliente. Agregue sal, pimienta y cebolla y cocine por otros 5 minutos. Coloca el apio y las papas en el fondo de la olla de cocción lenta y agrega el pollo, la cebolla y los tomates salteados con jugo, orégano y perejil. Tapar y cocinar a fuego lento durante 6-8 horas. Agrega los guisantes durante los últimos 30 minutos.

2. Para 6 porciones.

Frijoles en olla de barro con pollo

INGREDIENTES

- 3 a 4 libras de trozos de pollo

- sal y pimienta

- 1 cucharada de aceite vegetal

- 2 papas grandes, cortadas en cubos de 1 pulgada

- 1 paquete de habas congeladas, descongeladas

- 1 taza de caldo de pollo

- 1/4 cucharadita de hojas secas de tomillo, desmenuzadas

PREPARACIÓN

1. Sazone el pollo con sal y pimienta. Calienta el aceite y la mantequilla en una sartén grande; Fríe el pollo hasta que esté dorado por ambos lados. Coloque el pollo en la olla con los ingredientes restantes. Tape y cocine a fuego lento durante 4-6 horas, hasta que el pollo esté tierno.

2. Para 4 porciones.

Delicia de pasta y queso Crockpot

INGREDIENTES

- 1 frasco de salsa Alfredo

- 1 lata de sopa saludable de champiñones a pedido

- 1 lata (7 oz) de atún blanco o pollo, escurrido, o use sobras de pollo o carne cocida

- 1/4 cucharadita de curry en polvo

- 1 a 1 1/2 tazas de vegetales mixtos congelados

- 1 1/2 tazas de queso suizo rallado

- 4 tazas de pasta cocida (macarrones, pajarita, conchas)

PREPARACIÓN

1. Combine los primeros 5 ingredientes; cubra y cocine durante 4-5 horas a temperatura BAJA. Agrega el queso suizo a la mezcla durante la última hora. Cocine la pasta según las instrucciones del paquete; escurrir y agregar a la olla de cocción lenta. ¡Esto sería igualmente bueno con pollo cocido o enlatado, restos de jamón o simplemente agregar verduras adicionales!

2. Para 4 porciones.

Pollo y relleno Crockpot de Debbie

INGREDIENTES

- 1 paquete de mezcla para relleno sazonada con hierbas, preparada
- 4 a 6 pechugas o muslos de pollo deshuesados y sin piel •
- 1 lata (10 3/4 onzas) de crema de pollo condensada, sin diluir
- 1 lata (3 a 4 onzas o más) de champiñones rebanados, escurridos

PREPARACIÓN

1. Unte con mantequilla el fondo y los lados del inserto para fuente de cocción lenta.

2. Prepare el relleno envasado (o casero) con mantequilla y líquido como se indica en el paquete.

3. Coloque el relleno preparado en capas en el fondo de la olla de cocción lenta engrasada.

4. Coloque los trozos de pollo encima de la mezcla de relleno. El pollo puede superponerse, pero intenta disponer lo menos posible. Si hay espacio, podrías usar más pollo.

5. Vierta la crema de pollo condensada sobre el pollo. También puedes utilizar crema de champiñones o crema de apio, la que prefieras. Cubra con champiñones. Asegúrate de revolver un poco los champiñones para que queden cubiertos por la sopa.

6. Cubra y cocine a fuego lento durante 5-7 horas.

7. •Las pechugas de pollo tienden a secarse durante un período de cocción prolongado, así que revíselas primero. Los muslos son más grasos que las pechugas de pollo, por lo que se pueden cocinar por más tiempo.

Pollo de Diana King

INGREDIENTES

- 1 1/2 a 2 libras de pollo deshuesado

- 1 a 1 1/2 tazas de zanahorias, cortadas en palitos

- 1 manojo de cebollas verdes (cebolletas), cortadas en trozos de 1/2 pulgada

- 1 frasco de queso crema para untar con pimiento kraft o pimiento de oliva (5 onzas)

- 1 lata de sopa de pollo 98% sin grasa

- 2 cucharadas de jerez seco (opcional)

- Sal y pimienta para probar

PREPARACIÓN

1. Coloque todos los ingredientes en la olla de cocción lenta/cocina de barro (3 1/2 cuartos o más) en el orden indicado; revuelve para combinar. Tapar y cocinar a fuego lento durante 7-9 horas. Servir sobre arroz, tostadas o galletas.

2. Para 6 a 8 porciones.

Pollo Eneldo Con Verduras

INGREDIENTES

- 1 a 1 1/2 libras de filetes de pollo, cortados en trozos de 1 pulgada
- 1 cucharada de cebolla seca picada (o cebolla pequeña picada)
- 1 lata de sopa de champiñones regular o reducida con 98% de grasa
- 1 paquete (1oz) de salsa de champiñones (puede sustituirse por pollo o salsa campestre)
- 1 taza de zanahorias pequeñas
- 1/2 a 1 cucharadita de eneldo
- sal y pimienta aromatizadas al gusto
- 1 taza de guisantes congelados

PREPARACIÓN

1. Combine los primeros 7 ingredientes en una olla de cocción lenta/Crock Pot; tape y cocine a fuego lento durante 6-8 horas. Agrega los guisantes congelados en los últimos 30-45 minutos. Servir con arroz o puré de papas.

2. Para 4 porciones.

Pollo agridulce de Don

INGREDIENTES

- 2 a 4 pechugas de pollo sin piel

- 1 cebolla grande picada en trozos grandes

- 2 pimientos picados en trozos grandes (uno verde y otro rojo)

- 1 taza de floretes de brócoli

- 1/2 taza de trozos de zanahoria

- 1 lata grande de piña picada (escurrir y GUARDAR el jugo)

- 1/4-1/2 taza de azúcar morena (puede usar azúcar regular)

- Agua/vino/zumo de uva blanca/zumo de naranja, etc. según sea necesario para líquido adicional

- 1 cucharada de maicena por cada taza de líquido que tomes

- salsa picante al gusto, opcional

- sal y pimienta al gusto, opcional

- canela, opcional

- pimienta de Jamaica, opcional

- clavo, opcional

- curry en polvo, opcional

PREPARACIÓN

1. Coloque las pechugas de pollo en una olla de cocción lenta o en una olla calda. Agrega la cebolla, los pimientos, el brócoli y las zanahorias y bate hasta que estén bien combinados, sin grumos de azúcar, líquido, especias, maicena y azúcar. Vierta sobre el pollo. Si no hay suficiente jugo, agrega el líquido de tu preferencia para llevarlo al nivel deseado. (SIN EMBARGO RECUERDE: Por cada taza adicional de líquido, agregue otra cucharada de maicena antes de verterla en la olla de cocción lenta).

2. Cubra y cocine de 6 a 8 horas a temperatura BAJA. A veces modifico la receta, utilizando cócteles de frutas y un poco menos de azúcar, confituras de piña o albaricoque o incluso mermelada de naranja. (No necesitas maicena cuando usas conservas, ni azúcar por supuesto. Usa tu imaginación. Recuerda que lo agridulce es básicamente jugo de frutas y vinagre.

Pollo con queso fácil en olla de cocción lenta

INGREDIENTES

- 6 mitades de pechuga de pollo deshuesadas y sin piel

- Sal y pimienta para probar

- ajo en polvo, al gusto

- 2 latas de crema de pollo condensada

- 1 lata de sopa de queso cheddar condensado

PREPARACIÓN

1. Enjuague el pollo y espolvoréelo con sal, pimienta y ajo en polvo. Revuelva la sopa sin diluir y viértala sobre el pollo en una olla de barro.

2. Cubra y cocine a velocidad baja de 6 a 8 horas.

3. Sirva sobre arroz o fideos.

4. Para 6 porciones.

Cacciatore De Pollo Fácil

INGREDIENTES

- 1 pollo, recortado, de 3 a 3 1/2 libras
- 1 frasco de salsa para espaguetis
- cebollas picadas
- champiñones en rodajas
- pimiento verde picado
- sal y pimienta
- trozos de chile

PREPARACIÓN

1. Coloque un pollo entero cortado (de 3 a 3 1/2 libras) en la olla de cocción lenta/cocina de barro. Coloque algunas cebollas picadas, champiñones y pimientos verdes en un frasco de salsa para espaguetis. Sal y pimienta para probar. (También uso esas pequeñas hojuelas de pimiento rojo).

2. Cocinar todo el día a baja temperatura (7 a 9 horas). Sirva sobre tallarines o espaguetis.

Salsa De Pasta Con Pollo Fácil

INGREDIENTES

- 1 libra de filetes de pollo o pechugas de pollo, en cubos

- 1 lata (15 oz) de tomates, cortados en cubitos

- 1 lata pequeña (6 onzas) de pasta de tomate

- 1 rama de apio, en rodajas

- 1/4 taza de cebolla picada

- 1/2 taza de zanahorias picadas o ralladas, enlatadas o cocidas hasta que estén ligeramente tiernas

- 1/2 cucharadita de orégano

- 1/2 cucharadita de sal

- 1/4 cucharadita de pimienta

- 1/2 cucharadita de ajo en polvo

- pizca de azúcar u otro edulcorante (opcional o al gusto)

PREPARACIÓN

1. Combine todos los ingredientes en una olla de cocción lenta o en una olla. Tapar y cocinar a fuego lento durante 6-8 horas. Pruebe y ajuste los condimentos unos 30 minutos antes de servir y agregue un poco de agua para diluir, si es necesario. Sirva esta receta sencilla de salsa de pollo sobre espaguetis, fettuccine u otra pasta.

2. Esta receta fácil de pollo sirve para 4 personas.

Pollo Fácil con Almendras

INGREDIENTES

- 4 a 6 pechugas de pollo, lavadas y sin piel

- 1 lata (10 3/4 oz) de crema de pollo

- 1 cucharada de jugo de limón

- 1/3 taza de mayonesa

- 1/2 taza de apio en rodajas finas

- 1/4 taza de cebolla finamente picada

- 1/4 taza de pimiento rojo triturado escurrido

- 1/2 taza de almendras fileteadas o en rodajas

- perejil fresco picado, opcional

PREPARACIÓN

1. Coloque las pechugas de pollo en el fondo de la olla de cocción lenta. En un tazón, combine la sopa, el jugo de limón, la mayonesa, el apio, la cebolla y el chile; vierte sobre las pechugas de pollo. Tape y cocine a fuego lento de 5 a 7 horas, hasta que el pollo esté tierno (las mitades de pechuga de pollo con hueso tardarán menos que las con hueso). Transfiera las pechugas de pollo a una fuente para servir y vierta el jugo sobre ellas. Cubra con una pizca de almendras y perejil, si lo desea.

2. Sirva con arroz cocido caliente y brócoli al vapor.

3. Para 4 a 6 porciones.

Olla eléctrica Cassoulet fácil

INGREDIENTES

- 1 cucharada de aceite de oliva virgen extra

- 1 cebolla grande, finamente picada

- 4 muslos de pollo deshuesados y sin piel, picados en trozos grandes

- 1/4 libra de salchicha ahumada cocida, como kielbasa o andouille más picante, cortada en cubitos

- 3 dientes de ajo picados

- 1 cucharadita de hojas secas de tomillo

- 1/2 cucharadita de pimienta negra

- 4 cucharadas de pasta de tomate

- 2 cucharadas de agua

- 3 latas (de aproximadamente 15 onzas cada una) de frijoles norteños grandes, enjuagados y escurridos

- 3 cucharadas de perejil fresco picado

PREPARACIÓN

1. Calienta el aceite de oliva en una sartén grande a fuego medio.

2. Agregue la cebolla al aceite caliente y cocine, revolviendo, hasta que esté tierna, aproximadamente 4 minutos.

3. Agregue el pollo, la salchicha, el ajo, el tomillo y la pimienta. Cocine de 5 a 8 minutos o hasta que el pollo y la salchicha estén dorados.

4. Agrega la pasta de tomate y el agua; transfiéralo a una olla de cocción lenta. Agrega los frijoles norteños grandes a la mezcla de pollo; cubra y cocine a temperatura BAJA durante 4-6 horas.

5. Antes de servir, espolvorear el cassoulet con perejil picado.

6. Sirve 6.

Pollo Crockpot Fácil De Cindy Santa Fe

INGREDIENTES

- 1 lata (15 oz) de frijoles negros, enjuagados y escurridos

- 2 latas (15 oz) de maíz entero, escurrido

- 1 taza de salsa embotellada espesa y con trozos, tu favorita

- 5 o 6 mitades de pechuga de pollo deshuesadas y sin piel (alrededor de 2 libras)

- 1 taza de queso cheddar rallado

PREPARACIÓN

1. En una olla de cocción lenta de 3 1/2 a 5 cuartos, mezcle los frijoles negros, el maíz y 1/2 taza de salsa.

2. Cubra con las pechugas de pollo y luego vierta la 1/2 taza de salsa restante sobre el pollo. Tape y cocine a potencia ALTA durante 2 1/2 a 3 horas, o hasta que el pollo esté tierno y completamente blanco. No cocine demasiado o el pollo se secará.

3. Espolvorea queso encima; cubra y cocine hasta que el queso se derrita, aproximadamente de 5 a 15 minutos.

4. Para 6 porciones.

Pollo asado fácil con salsa de Geoff

INGREDIENTES

- 1 pollo asado

- sal y pimienta

PREPARACIÓN

1. Simplemente limpiamos el pollo, lo lavamos y lo ponemos en la olla. Añade una pizca de sal y una pizca de pimienta. Dejar unas 6 horas a temperatura alta.

2. Cuando sacamos el producto terminado escurrimos el jugo restante en una taza, lo cubrimos con papel de aluminio y lo metemos en el congelador durante media hora aproximadamente. Esto solidifica toda la grasa en la parte superior de la taza. Raspe esto y agregue el caldo restante a la salsa.

Pollo Con Piña Y Jengibre

INGREDIENTES

- 4-5 pechugas de pollo deshuesadas, cortadas en cubos (aproximadamente 3/4 de pulgada)

- 1 manojo de cebollas verdes, con aproximadamente 3 pulgadas de hojas verdes en rodajas de 1/2 pulgada

- 1 lata (8 oz) de piña triturada, sin escurrir

- 1 cucharada de jengibre cristalizado finamente picado

- 2 cucharadas de jugo de limón

- 2 cucharadas de salsa de soja (baja en sodio)

- 3 cucharadas de azúcar moreno o miel

- 1/2 cucharadita de ajo en polvo

PREPARACIÓN

1. Combine todos los ingredientes en la olla de cocción lenta; tape y cocine a fuego lento durante 6-8 horas. Sirva sobre arroz o fideos planos.

2. Para 4 porciones.

pollo griego

INGREDIENTES

- 4 a 6 pechugas de pollo sin piel
- 1 litro. lata (15 onzas) de salsa de tomate
- 1 lata (14.5 onzas) de tomates cortados en cubitos con jugo
- 1 lata de champiñones rebanados
- 1 lata (4 onzas) de aceitunas maduras en rodajas
- 2 dientes de ajo, picados
- 1 cucharada. jugo de limon
- 1 cucharadita. hoja de orégano seco
- 1/2 taza de cebolla picada
- 1/2 seg. vino blanco seco (opcional)
- 2 tazas de arroz cocido caliente
- Sal al gusto

PREPARACIÓN

1. Lavar el pollo y secarlo. Hornee a 350° durante unos 30 minutos. Mientras tanto, combine todos los demás ingredientes (excepto el arroz). Corta el pollo en dados y agrégalo a la salsa; tapar y cocinar a fuego lento durante 4 o 5 horas. Sirva el pollo y la salsa con arroz cocido caliente.

2. Para 4 a 6 porciones.

palillos hawaianos

INGREDIENTES

- 12 muslos de pollo
- 1 taza de salsa de tomate
- 1 taza de azúcar moreno oscuro envasado
- 1/2 taza de salsa de soja
- jengibre fresco rallado, 1 cucharada
- un chorrito de aceite de semillas de sésamo

PREPARACIÓN

1. Tapar y cocinar a fuego lento durante unas 8 horas. Servir sobre arroz blanco.

2. ¡Jajaja!

3. ¡Receta de muslos de pollo compartida por LeRoy y Nitz Dawg!

Pollo A Las Hierbas Con Verduras

INGREDIENTES

- 3 a 4 libras de trozos de pollo

- 1 1/2 a 2 tazas de cebollas enteras pequeñas congeladas o enlatadas y escurridas

- 2 tazas de zanahorias pequeñas enteras

- 2 papas medianas, cortadas en trozos de 1 pulgada

- 1 1/2 tazas de caldo de pollo

- 2 ramas de apio medianas, cortadas en trozos de 2 pulgadas

- 2 rebanadas de tocino, cortado en cubitos

- 1 hoja de laurel

- 1/4 cucharadita de tomillo seco

- 1/4 cucharadita de pimienta negra

- 1/4 taza de perejil fresco picado

- 2 cucharadas de estragón fresco, picado o 1 cucharadita de estragón seco

- 1 cucharadita de ralladura de limón

- 2 cucharadas de jugo de limón fresco

- 1/2 cucharadita de sal, o al gusto

PREPARACIÓN

1. En una olla de cocción lenta, combine el pollo, las cebollas, las zanahorias, las papas, el caldo, el apio, el tocino, las hojas de laurel, el tomillo y la pimienta. Póngalo a fuego lento y cocine de 8 a 10 horas.

2. Reservar.

3. Retire el pollo y las verduras a un plato caliente con una espumadera. Cubrir con film transparente y mantener caliente. Escurrir y quitar el exceso de grasa. Agrega el perejil, el estragón, la ralladura de limón y el jugo, junto con sal al gusto; vierta sobre el pollo y las verduras.

Pollo a las hierbas con arroz salvaje

INGREDIENTES

- 1 a 1 1/2 libras de filetes de pollo o media pechuga de pollo deshuesada
- 6 a 8 onzas de champiñones rebanados
- 1 cucharada de aceite vegetal
- 2 o 3 rebanadas de tocino desmenuzado o 2 cucharadas de trocitos de tocino real
- 1 cucharadita de mantequilla
- 1 caja (6 oz.) de Uncle Bens (sabor a pollo) de grano largo y arroz salvaje
- 1 lata de crema de caldo de pollo, con hierbas o natural
- 1 taza de agua
- 1 cucharadita de mezcla de hierbas, como finas hierbas o una mezcla de tus favoritas; perejil, tomillo, estragón, etc.

PREPARACIÓN

1. Saltee los trozos de pollo y los champiñones en aceite y mantequilla hasta que el pollo esté ligeramente dorado. Coloque el tocino en el fondo de una olla de cocción lenta de 3 1/2 a 5 cuartos. Coloca el arroz encima del tocino. Paquete de condimentos de reserva. Coloque los filetes de pollo sobre el arroz; si usa pechugas de pollo, córtelas en tiras o cubos. Vierta la sopa sobre el pollo y luego agregue el agua. Cubra con condimentos y espolvoree con la mezcla de hierbas. Tape y cocine a temperatura BAJA durante 5 1/2 - 6 1/2 horas, o hasta que el arroz esté tierno (no blando).

2. Para 4 a 6 porciones.

Pollo con miel y jengibre

INGREDIENTES

- 3 libras de pechuga de pollo sin piel
- 1 1/4 de pulgada de raíz de jengibre fresca, pelada y finamente picada
- 2 dientes de ajo, picados
- 1/2 taza de salsa de soja
- 1/2 taza de miel de abeja
- 3 cucharadas de jerez seco
- 2 cucharadas de maicena mezcladas con 2 cucharadas de agua

PREPARACIÓN

1. Combine el jengibre, el ajo, la salsa de soja, la miel y el jerez en un tazón pequeño. Sumerge los trozos de pollo en la salsa; coloca los trozos de pollo en una olla de cocción lenta; vierte la salsa restante sobre todo. Cubra y cocine a temperatura BAJA durante aproximadamente 6 horas.

2. Retire el pollo de la fuente caliente y vierta los líquidos en una sartén o sartén. Llevar a ebullición y continuar cocinando a fuego lento durante 3-4 minutos para que se reduzca ligeramente. Incorpora la maicena a la mezcla de salsa.

3. Cocine a fuego lento hasta que espese. Vierta un poco de salsa sobre el pollo y haga puré el resto.

4. Sirve el pollo con arroz caliente.

Pollo asado con miel y batatas

INGREDIENTES

- 3 tazas de camotes pelados y rebanados, aproximadamente 2 camotes medianos a grandes
- 1 lata (8 onzas) de trozos de piña en jugo, sin escurrir
- 1/2 taza de caldo de pollo
- 1/4 taza de cebolla finamente picada
- 1/2 cucharadita de jengibre molido
- 1/3 taza de salsa barbacoa, tu favorita
- 2 cucharadas de miel
- 1/2 cucharadita de mostaza seca
- 4 a 6 cuartos de pierna de pollo (muslos con muslos, sin piel)

PREPARACIÓN

1. En una olla de cocción lenta de 3 1/2 a 5 cuartos, combine las batatas, la piña con el jugo, el caldo de pollo, la cebolla picada y el jengibre molido; revuelva para combinar bien. En un tazón pequeño, combine la salsa barbacoa, la miel y la mostaza seca; revuelva para combinar bien. Cubra el pollo generosamente por todos lados con la salsa barbacoa. Coloque el pollo rebozado en una sola capa encima de la mezcla de camote y piña, superponiéndolo si es necesario. Vierta el resto de la mezcla de salsa barbacoa sobre el pollo.

2. Cobertura; cocine a fuego lento durante 7 a 9 horas o hasta que el pollo esté tierno y los jugos salgan claros y las batatas tiernas.

3. Para 4 a 6 porciones.

Pollo Hoisin Con Miel

INGREDIENTES

- 2 a 3 libras de partes de pollo (o pollo entero, recortado)
- 2 cucharadas de salsa de soja
- 2 cucharadas de salsa hoisin
- 2 cucharadas de miel
- 2 cucharadas de vino blanco seco
- 1 cucharada de raíz de jengibre rallada o 1 cucharadita de jengibre molido
- 1/8 cucharadita de pimienta negra molida
- 2 cucharadas de fécula de maíz
- 2 cucharadas de agua

PREPARACIÓN

1. Lavar el pollo y secarlo; colóquelo en el fondo de la olla de cocción lenta.

2. Combine la salsa de soja, la salsa hoisin, la miel, el vino, el jengibre y la pimienta. Vierta la salsa sobre el pollo.

3. Cubra y cocine a fuego lento durante aproximadamente 5 1/2 a 8 horas, o hasta que el pollo esté tierno y los jugos claros.

4. Mezclar la maicena y el agua.

5. Retire el pollo de la olla de cocción lenta; Encienda el fuego alto y agregue la mezcla de maicena y agua.

6. Continúe cocinando hasta que espese y agregue el pollo a la olla de cocción lenta para que se caliente.

pollo italiano

INGREDIENTES

- 4 pechugas de pollo, deshuesadas, cortadas en trozos pequeños
- 1 - 16 onzas. lata de tomates, picados
- 1 pimiento verde dulce grande, cortado en cubitos
- 1 cebolla pequeña para cocinar, cortada en cubitos
- 1 rama mediana de apio, cortada en cubitos
- 1 zanahoria mediana, pelada y cortada en cubitos
- 1 hoja de laurel
- 1 cucharadita de orégano seco
- 1 cucharadita de albahaca seca
- 1/2 cucharadita de tomillo seco, opcional
- 2 dientes de ajo picados; O 2 cucharaditas. polvo de ajo
- 1/2 cucharadita de sal
- 1/2 cucharadita de hojuelas de chile rojo o al gusto
- 1/2 taza de queso parmesano o romano rallado

PREPARACIÓN

1. Combine todos los ingredientes, excepto el queso rallado, en una olla de cocción lenta.

2. Cubra y cocine a fuego lento durante 6-8 horas. Retire la hoja de laurel y espolvoree con queso rallado antes de servir.

3. Bueno con arroz o pasta.

Pollo al estilo italiano en la olla eléctrica

INGREDIENTES

- 1 libra de muslos de pollo deshuesados y sin piel, o 4 cuartos de muslo de pollo, sin piel
- 1/2 taza de cebolla picada
- 1/2 taza de aceitunas maduras sin hueso en rodajas
- 1 lata (14,5 onzas) de tomates cortados en cubitos, sin escurrir
- 1 cucharadita de hojas secas de orégano
- 1/2 cucharadita de sal
- 1/2 cucharadita de romero seco, desmenuzado
- una pizca de hojas secas de tomillo
- 1/4 cucharadita de ajo en polvo
- 1/4 taza de agua fría o caldo de pollo
- 1 cucharada de fécula de maíz

PREPARACIÓN

1. Coloque el pollo en una olla de cocción lenta de 3 1/2 a 5 cuartos. Completar con cebolla picada y aceitunas en rodajas. Combina los tomates con orégano, sal, romero, tomillo y ajo en polvo. Vierte la mezcla de tomate sobre el pollo. Tape y cocine a temperatura BAJA durante 7 a 9 horas, o hasta que el pollo esté tierno y el jugo salga claro. Con una espumadera, retire el pollo y las verduras y colóquelas en una fuente caliente. Cubrir con film transparente y mantener caliente. Sube la olla a temperatura ALTA.

2. En una taza o tazón pequeño, combine el agua o caldo y la maicena; mezcle hasta que quede suave. Agregue los líquidos en la olla de cocción lenta. Cubra y cocine hasta que espese. Sirve la salsa espesa con el pollo.

3. Para 4 porciones.

Pollo italiano con espaguetis, olla de cocción lenta

INGREDIENTES

- 1 lata (8 onzas) de salsa de tomate
- 6 a 8 pechugas de pollo deshuesadas y sin piel
- 1 lata (6 onzas) de pasta de tomate
- 3 cucharadas de agua
- 3 dientes de ajo medianos, picados
- 2 cucharaditas de hojas secas de orégano, picadas
- 1 cucharadita de azúcar, o al gusto
- espaguetis cocidos calientes
- 4 onzas de mozzarella rallada
- Queso parmesano rallado

PREPARACIÓN

1. Si lo desea, dore el pollo en aceite caliente; drenar. Espolvorea generosamente con sal y pimienta. Coloque el pollo en la olla de cocción lenta. Combina la salsa de tomate, la pasta de tomate, el agua, el ajo, el orégano y el azúcar; vierte sobre el pollo. Cubra y cocine a temperatura BAJA durante 6-8 horas. Retire el pollo y manténgalo caliente. Enciende la estufa a fuego alto, mezcla la mozzarella con la salsa. Cocine sin tapar hasta que el queso se derrita y la salsa esté bien caliente.
2. Sirva el pollo y la salsa sobre espaguetis cocidos calientes. Servir con parmesano.
3. Sirve de 6 a 8 porciones.

Stroganoff de pollo ligero

INGREDIENTES

-
1 taza de crema agria sin grasa

- 1 cucharada de harina para todo uso Gold Metal Gold

- 1 sobre de salsa de pollo (unos 30 gramos)

- 1 taza de agua

- 1 libra de pechuga de pollo deshuesada y sin piel, cortada en trozos de 1 pulgada

- 16 onzas de verduras mixtas de California congeladas, descongeladas

- 1 taza de champiñones rebanados, salteados

- 1 taza de guisantes congelados

- 10 onzas de papas, peladas y cortadas en trozos de 1 pulgada, aproximadamente 2 papas medianas, peladas

- 1 1/2 tazas de mezcla para galletas Bisquick

- 4 cebollas verdes, picadas (1/3 taza)

-
1/2 taza de leche descremada al 1%

PREPARACIÓN

1. Mezcle la crema agria, la harina, la mezcla de salsa y el agua en una olla de cocción lenta de 3-1/2 a 5 cuartos hasta que quede suave. Mezclar el pollo, las verduras y los champiñones. Tape y cocine a fuego lento durante 4 horas o hasta que el pollo esté tierno y la salsa haya espesado. Agrega los guisantes. Agregue la mezcla para cocinar y la cebolla. Agregue la leche hasta que se humedezca. Vierta la mezcla a cucharadas redondeadas sobre las mezclas de pollo y verduras. Tape y cocine a fuego alto durante 45 a 50 minutos o hasta que al insertar un palillo en el centro de los ñoquis, éste salga limpio.
2. Sirve 4 porciones inmediatamente.

Pollo en olla de cocción lenta de Lilly con salsa de queso

INGREDIENTES

- 6 mitades de pechuga de pollo deshuesadas y sin piel
- 2 latas de crema de pollo
- 1 lata de sopa de queso
- sal, pimienta, ajo en polvo al gusto

PREPARACIÓN

1. Espolvorea las pechugas de pollo con ajo en polvo, sal y pimienta.
2. Coloque 3 pechugas de pollo en la olla de cocción lenta. Combine todas las sopas; vierte la mitad de la sopa sobre las primeras 3 pechugas de pollo.
3. Coloque las 3 pechugas de pollo restantes encima. Vierta la sopa restante encima.
4. Cubra y cocine a temperatura BAJA durante 6-8 horas.

pechugas de pollo mexicanas

INGREDIENTES

- 2 cucharadas de aceite vegetal

- 3-4 pechugas de pollo deshuesadas y sin piel, cortadas en trozos de 1 pulgada

- 1/2 taza de cebolla picada

- 1 pimiento verde (o use un pimiento rojo)

- 1 o 2 chiles jalapeños pequeños, finamente picados

- 3 dientes de ajo picados

- 1 lata (4 onzas) de chile dulce, triturado

- 1 lata (14 1/2 onzas) de tomates estilo mexicano, con chile o tomates asados al fuego cortados en cubitos

- 1 cucharadita de hojas secas de orégano

- 1/4 cucharadita de comino molido

- queso mixto mexicano rallado

- salsa

Guarniciones opcionales

- cCrea agria

- guacamole

- cebollas verdes en rodajas

- tomates cortados

- lechuga rallada

- aceitunas maduras en rodajas

- cilantro

PREPARACIÓN

1. Calienta el aceite en una sartén grande a fuego medio. Dore las pechugas de pollo. Retirar y escurrir.
2. En la misma sartén, saltea la cebolla, el pimiento verde, el ajo y el jalapeño hasta que estén tiernos.
3. Coloque la mezcla de pechugas de pollo y cebolla en la olla de cocción lenta.
4. Agrega los chiles suaves, los tomates, el orégano y el comino a la olla de cocción lenta; revuelve para combinar.
5. Tape y cocine a temperatura BAJA de 6 a 8 horas (ALTA de 3 a 4 horas).
6. Sirva con tortillas de harina calientes, queso rallado y salsa, junto con sus aderezos y aderezos favoritos.
7. El guacamole o la crema agria serían un buen aderezo con cebollas verdes en rodajas o tomates cortados en cubitos.

Pollo con Puerros de Paula

INGREDIENTES

- 3-4 libras de partes de pollo, con hueso

- 4 a 6 papas, cortadas en rodajas de aproximadamente 1/4 de pulgada de grosor

- 1 paquete de sopa de puerros

- 1 puerro, en rodajas finas o 4 cebollas verdes, en rodajas

- 1/2 a 1 taza de agua

- pimenton

- Condimentos •

PREPARACIÓN

1. Coloque las papas en el fondo de la olla de cocción lenta/cocina de barro, agregue la cebolla o el puerro, luego agregue el pollo. (Si va a tener varias capas de pollo, sal y pimienta a medida que las vaya colocando. No sazone la capa superior todavía). Mezcle la sopa de puerros con aproximadamente 1/2 taza de agua; vierta sobre todo. Sazone la capa superior de pollo. En este punto le espolvoreo también un poco de pimentón para darle color.

- Si lo desea, agregue un poco de ajo picado y un poco de romero fresco para condimentar.

Cocine a fuego lento durante 6-7 horas, agregando más agua si es necesario.

Salsa de barbacoa

- 1 1/2 tazas de salsa de tomate
- 4 cucharadas de mantequilla
- 1/2 taza de Jack Daniels u otro whisky de buena calidad
- 5 cucharadas de azúcar moreno
- 3 cucharadas de melaza
- 3 cucharadas de vinagre de sidra
- 2 cucharadas de salsa inglesa
- 1 cucharada de salsa de soja
- 4 cucharaditas de mostaza Dijon o mostaza gourmet
- 2 cucharaditas de humo líquido
- 1 1/2 cucharaditas de cebolla en polvo
- 1 cucharadita de ajo en polvo
- 1 cucharada de sriracha, o más, al gusto (puede reemplazar aproximadamente 1 cucharadita de pimienta de cayena)
- 1/2 cucharadita de pimienta negra molida

PREPARACIÓN

1. Forre 2 bandejas para hornear con borde con papel de aluminio; rocíe con aceite en aerosol antiadherente. Calienta el horno a 425°.
2. Mezcle los drumettes con una mezcla de harina, 1 cucharadita de sal y 1/2 cucharadita de pimienta.

3. Colocar en bandejas para hornear y hornear por 20 minutos. Dale la vuelta a los tambores y regresa al horno. Hornee por 20 minutos más o hasta que estén dorados.
4. Mientras tanto, coloca todos los ingredientes de la salsa en una cacerola mediana; mezclar bien y llevar a ebullición a fuego medio.
5. Reduzca el fuego y cocine a fuego lento durante 5 minutos.
6. Transfiera los drumettes a un tazón o a una olla de cocción lenta (si los mantiene calientes para una fiesta). Sazone con aproximadamente la mitad de la salsa barbacoa. Sirva inmediatamente con la salsa o encienda la olla de cocción lenta a BAJA para mantenerlos calientes. Si no sirve inmediatamente, refrigere la salsa restante hasta que esté lista para servir.
7. Sirva los drumettes bien calientes con la salsa para mojar. Tenga muchas servilletas a mano.
8. Esta receta rinde alrededor de 3 docenas de piezas, suficientes para 6 a 8 personas como aperitivo.

Pollo y albóndigas Sherri's

INGREDIENTES

- 4 mitades de pechuga de pollo
- 2 latas de caldo de pollo (3 1/2 tazas)
- 1 taza de agua
- 3 cubitos de caldo de pollo o base equivalente o gránulos
- 1 zanahoria pequeña, picada
- 1 rama pequeña de apio, picada
- 1/2 taza de cebolla picada
-

12 tortillas de harina grandes

PREPARACIÓN

1. Combine todos los ingredientes en la olla de cocción lenta, excepto las tortillas. Cocine a velocidad baja durante 8 a 10 horas. Retire el pollo y retire la carne de los huesos, luego ponga el caldo al fuego en una olla grande. Corta el pollo en trozos pequeños y regrésalo al caldo al fuego. Llevar a ebullición lenta.
2. Corte las tortillas por la mitad y luego en tiras de 1 pulgada. Coloque las tiras en el caldo hirviendo y hierva suavemente durante 15 a 20 minutos, revolviendo ocasionalmente. El caldo debe espesarse, pero si está demasiado líquido, combine 1 cucharada de maicena con suficiente agua para disolverla y revuelva con el caldo.
3. Cocine de 5 a 10 minutos más.
4. Para 4 personas.

Pollo BBQ Fácil En Olla De Cocción Lenta

INGREDIENTES

-
- 3 mitades de pechuga de pollo deshuesadas
- 1 1/2 tazas de salsa barbacoa picante, de tu elección, y más para servir
- 1 cebolla mediana, en rodajas o picada
- sándwiches tostados
-

ensalada de col, para servir

PREPARACIÓN

1. Lavar las pechugas de pollo y secarlas. Colóquelo en una olla de cocción lenta con 1 1/2 tazas de salsa barbacoa y la cebolla. Mezcle para cubrir el pollo. Tape y cocine a temperatura ALTA durante 3 horas.
2. Retire las pechugas de pollo a un plato y desmenúcelas o píquelas. Regrese el pollo desmenuzado a la salsa en la olla de cocción lenta; revuelve para combinar. Tapar y cocinar por 10 minutos más.
3. Sirva el pollo desmenuzado sobre panecillos tostados con ensalada de col y salsa barbacoa extra.
4. Sirve de 4 a 6 porciones.

Pollo Dijon En Olla De Cocción Lenta

INGREDIENTES

-
1 a 2 libras de pechuga de pollo

- 1 lata de crema de pollo condensada, sin diluir (10 1/2 onzas)

- 2 cucharadas de mostaza Dijon normal o granulada

- 1 cucharada de fécula de maíz

- 1/2 taza de agua

- Pimienta al gusto

- 1 cucharadita de hojuelas de perejil seco o 1 cucharada de perejil fresco picado

PREPARACIÓN

1. Lavar el pollo y secarlo; colóquelo en una olla de cocción lenta. Combina la sopa con la mostaza y la harina de maíz; agregue agua y mezcle. Agrega el perejil y la pimienta. Vierte la mezcla sobre el pollo. Cubra y cocine a temperatura BAJA durante 6-7 horas. Sirva con arroz cocido caliente y una guarnición de verduras.
2. La receta de pollo Dijon sirve de 4 a 6 personas.

Pollo BBQ en olla de cocción lenta

INGREDIENTES

- 3 a 4 libras de trozos de pollo
- 1 cebolla grande, picada en trozos grandes
- 1 botella de salsa barbacoa

PREPARACIÓN

1. Coloque el pollo en el fondo de la olla de cocción lenta o de cocción lenta y agregue las cebollas y la salsa barbacoa. Cocine a temperatura BAJA durante aproximadamente 6 a 8 horas, o hasta que el pollo esté tierno pero sin desmoronarse.
2. Sirve de 4 a 6 porciones.

Muslos de pollo a la parrilla en olla de cocción lenta

INGREDIENTES

- 1/2 taza de harina

- 1/2 cucharadita de ajo en polvo

- 1 cucharadita de mostaza seca

- 1 cucharadita de sal

- 1/4 cucharadita de pimienta

- 8 muslos de pollo

- 2 cucharadas de aceite vegetal

- 1 taza de salsa barbacoa espesa

PREPARACIÓN

1. Coloque la harina, el ajo en polvo, la mostaza, la sal y la pimienta en una bolsa para guardar alimentos. Agregue el pollo, unos trozos a la vez, y revuelva para cubrir bien. Calienta el aceite en una sartén grande; agregue el pollo y dore por todos lados. Coloque la mitad de la salsa barbacoa en una olla de barro; agregue el pollo y luego agregue la

salsa restante. Cocine a fuego lento durante 6 a 7 horas, o hasta que el pollo esté tierno y el jugo salga claro.
2. Sirve de 4 a 6 porciones.

Salsa para pasta con pollo y salchicha en olla de cocción lenta

INGREDIENTES

- 1 cucharada de aceite de oliva
- 4 dientes de ajo machacados
- 1/2 taza de cebolla picada
- 1 pimiento rojo, picado
- 1 pimiento verde, picado
- 1 calabacín pequeño, picado
- 1 lata (4 onzas) de champiñones
- 1 lata de tomates guisados, condimento italiano
- 1 lata (6 onzas) de pasta de tomate
- 3 salchichas italianas dulces
- 4 mitades de pechuga de pollo deshuesadas, cortadas en tiras
- 1 cucharadita de condimento italiano •
- hojuelas de chile rojo, al gusto, opcional

PREPARACIÓN

1. Calienta el aceite en el sarten. Saltee la cebolla y el ajo hasta que estén dorados. Para eliminar.
2. Agrega la salchicha; dora por todos lados. Agregue el pollo y cocine hasta que se dore. Escurrir el exceso de grasa. Corta las salchichas en trozos de 1 pulgada. En una olla de cocción lenta, combine todos los ingredientes restantes con la

cebolla y el ajo. Agrega la salchicha y luego cubre con las tiras de pollo. Tape y cocine a temperatura BAJA de 4 a 6 horas, hasta que el pollo esté tierno pero no seco.
3. Sirva esta sabrosa salsa sobre pasta cocida caliente.
4. Para 4 personas.

Pollo al curry en olla de cocción lenta

INGREDIENTES

- 2 pechugas de pollo enteras, deshuesadas y cortadas en cubitos
- 1 lata de sopa de pollo
- 1/4 taza de jerez seco
- 2 cucharadas. mantequilla o margarina
- 2 cebollas verdes con la parte superior, finamente picadas
- 1/4 cucharadita. polvo de curry
- 1 cucharadita. sal
- Una pizca de pimienta
-

arroz cocido caliente

PREPARACIÓN

1. Coloca el pollo en una olla. Agregue todos los demás ingredientes, excepto el arroz. Cubra y cocine a temperatura BAJA durante 4 a 6 horas o ALTA durante 2 a 3 horas. Sirva sobre arroz caliente.

Pollo al curry con arroz en olla de cocción lenta

INGREDIENTES

- 4 pechugas de pollo deshuesadas y sin piel, cortadas en tiras o trozos de 1 pulgada
- 2 cebollas grandes, cortadas en cuartos y en rodajas finas
- 3 dientes de ajo picados
- 1 cucharada de salsa de soja o Tamari
- 1 cucharadita de curry de Madrás en polvo
- 2 cucharaditas de chile en polvo
- 1 cucharadita de cúrcuma
- 1 cucharadita de jengibre molido
- 1/3 taza de caldo de pollo o agua
- sal y pimienta negra recién molida, al gusto
- arroz cocido caliente

PREPARACIÓN

1. Mezcle todos los ingredientes, excepto el arroz, en una olla de cocción lenta o de barro.
2. Tape y cocine a fuego lento de 6 a 8 horas, o hasta que el pollo esté tierno.
3. Pruebe y sazone con sal y pimienta, si es necesario.
4. Servir sobre arroz o fideos.

Enchiladas de pollo en olla de cocción lenta

INGREDIENTES

- 3 tazas de pollo cocido cortado en cubitos
- 3 tazas de mezcla de queso mexicano rallado con pimientos, cantidad dividida
- 1 lata (4.5 onzas) de chiles verdes picados
- 1/4 taza de cilantro fresco picado
- 1 1/2 tazas de crema agria, cantidad dividida
- 8 tortillas de harina (8 pulgadas)
- 1 taza de salsa de tomatillo
- Guarniciones recomendadas: tomates cortados en cubitos, cebollas verdes en rodajas, aceitunas maduras, aros de jalapeño, cilantro fresco picado

PREPARACIÓN

1. Engrase ligeramente el inserto de los utensilios de cocina de una olla de cocción lenta de 4 a 6 cuartos.
2. En un tazón, combine el pollo cortado en cubitos con 2 tazas de queso rallado, chiles verdes picados, 1/4 taza de cilantro picado y 1/2 taza de crema agria; revuelva para combinar los ingredientes.
3. Vierta un poco de la mezcla de pollo en el centro de las tortillas, dividiendo la mezcla uniformemente entre las ocho tortillas. Enróllelos y colóquelos, con la costura hacia abajo, en la olla de cocción lenta preparada.
4. Si es necesario, apile las tortillas.
5. En un tazón pequeño, combine la salsa con la 1 taza de crema agria restante. Vierte la mezcla sobre las tortillas.
6. Cubra y cocine a temperatura BAJA durante 4 horas. Espolvorea las tortillas con el queso rallado restante. Cubra y cocine a temperatura BAJA durante unos 20-30 minutos más.
7. Sirve de 4 a 6 porciones.

Fricasé de pollo con verduras en olla de cocción lenta

INGREDIENTES

- 4 a 6 pechugas de pollo deshuesadas y sin piel
- Sal y pimienta para probar
- 2 cucharadas de mantequilla
- 2 dientes de ajo, picados
- 3 cucharadas de harina para todo uso
- 2 tazas de caldo de pollo bajo en sodio
- 1 cucharadita de hojas secas de tomillo
- 1/2 cucharadita de hojas secas de estragón
- 3-4 zanahorias, cortadas en trozos de 2 pulgadas 2-
- 2 cebollas, cortadas por la mitad, en rodajas gruesas
- 2 puerros grandes, solo la parte blanca, lavados y picados
- 1 hoja de laurel
- 1/2 taza mitad y mitad o crema ligera
-
1 1/2 tazas de guisantes congelados, descongelados

PREPARACIÓN

1. Lavar las pechugas de pollo y secarlas. Poner a un lado. Saltee el ajo picado en la mantequilla por un minuto, luego agregue la harina y cocine, revolviendo, hasta que quede suave. Vierta el caldo (puede usar 1/4 taza de vino blanco seco o jerez en lugar de un poco de caldo), el tomillo y el estragón y revuelva hasta que espese. Coloca las cebollas, las zanahorias, el pollo y luego los puerros en la olla de barro; vierte la salsa sobre todo. Agrega la hoja de laurel. Cubra y cocine a temperatura BAJA durante 6 a 7 horas o a temperatura ALTA durante 3 a 5 horas.
2. Si está hecho a fuego lento, cambie a alto y mezcle mitad y mitad y descongele los guisantes. Tape y continúe cocinando a temperatura alta durante otros 15 minutos, o hasta que los guisantes estén completamente calientes. Pruebe y ajuste los condimentos. Retire la hoja de laurel antes de servir.
3. Sirve de 4 a 6 porciones.

Pollo cocido a fuego lento en salsa picante

INGREDIENTES

- 1/2 seg. jugo de tomate
- 1/2 seg. salsa de soja
- 1/2 seg. azúcar morena
- 1/4 seg. Caldo de pollo
- 3 dientes de ajo picados
- Trozos de pollo de 3 a 4 libras, sin piel

PREPARACIÓN

1. Combine todos los ingredientes excepto el pollo en un recipiente hondo. Sumerge cada trozo de pollo en la salsa. Colóquelo en una olla de cocción lenta. Vierta la salsa restante. Cocine a fuego lento durante 6 a 8 horas o a fuego alto durante 3 a 4 horas.
2. Para 6 porciones.

Madras de pollo en olla de cocción lenta con curry en polvo

INGREDIENTES

- 3 cebollas, cortadas en rodajas finas
- 4 manzanas, peladas, sin corazón y cortadas en rodajas finas
- 1 cucharadita de sal
- 1 o 2 cucharaditas de curry en polvo o al gusto
- 1 pollo frito, cortado en trozos
- pimenton

PREPARACIÓN

1. En una olla eléctrica, combine la cebolla y las manzanas; espolvorea con sal y curry en polvo. Mezclar bien. Coloque la piel del pollo sobre la mezcla de cebolla. espolvorea generosamente con pimentón.
2. Tape y cocine a temperatura BAJA durante 6 a 8 horas, hasta que el pollo esté tierno.
3. Pruebe y agregue condimentos adicionales, si es necesario.
4. Para 4 personas.

Pollo cocido a fuego lento con champiñones

INGREDIENTES

- 6 mitades de pechuga de pollo con hueso y sin piel
- 1 1/4 cucharaditas de sal
- 1/4 cucharadita de pimienta
- 1/4 cucharadita de pimentón
- 1 3/4 cucharaditas de caldo de pollo en gránulos o base de pollo con sabor
- 1 1/2 tazas de champiñones frescos rebanados
- 1/2 taza de cebollas verdes, en rodajas, con hojas verdes
- 1/2 vaso de vino blanco seco
- 1/2 taza de leche evaporada
- 5 cucharaditas de almidón de maíz
- perejil fresco picado

PREPARACIÓN

1. Lavar el pollo y secarlo. En un bol, combine la sal, la pimienta y el pimentón. Frote todos los lados del pollo, usando toda la mezcla. En una olla de cocción lenta, alterne capas de pollo, caldo o gránulos de base, champiñones y cebollas verdes. Vierta lentamente sobre el vino. No mezcle los ingredientes. Tape y cocine a temperatura alta durante 2 1/2 a 3 horas o a temperatura baja durante 5 a 6 horas o hasta que el pollo esté tierno pero sin desmoronarse.

2. Con una espumadera, retire el pollo y las verduras a un plato o tazón para servir. Cubra con papel aluminio y mantenga el pollo caliente. En una cacerola pequeña, combine la leche evaporada y la maicena, revolviendo hasta que quede suave. Agregue gradualmente 2 tazas del líquido de cocción. Revolviendo a fuego medio, deje hervir; continúe hirviendo durante 1 minuto o hasta que espese. Vierta un poco de salsa sobre el pollo y decore con perejil, si lo desea. Sirva con arroz o fideos calientes, si lo desea.

Cordón Azul. cocinado a fuego lento

INGREDIENTES

- 6 mitades de pechuga de pollo, deshuesadas y sin piel - golpéelas para aplanarlas ligeramente
- 6 lonchas finas de jamón
- 6 lonchas finas de queso suizo
- 1/4 a 1/2 taza de harina, para cubrir
- 1/2 libra de champiñones rebanados
- 1/2 taza de caldo de pollo
- 1/2 vaso de vino blanco seco (o use caldo de pollo)
- 1/2 cucharadita de romero picado
- 1/4 taza de parmesano rallado
- 2 cucharaditas de maicena mezcladas con 1 cucharada de agua fría
- Sal y pimienta para probar

PREPARACIÓN

1. Coloque una loncha de jamón y una loncha de queso sobre cada pechuga de pollo aplanada y enrolle. Asegúrelo con palillos y enrolle cada uno en harina para cubrir. Coloca los champiñones en la olla de cocción lenta, luego las pechugas de pollo. Batir el caldo, el vino (si se usa) y el romero; vierte sobre el pollo. Espolvorea con parmesano. Tapar y cocinar a fuego lento durante 6-7 horas. Justo antes de servir, retira el pollo; manténgase caliente.

2. A los jugos de la olla de cocción lenta, agrega la mezcla de maicena; revuelva hasta que espese. Sazone con sal y pimienta, luego pruebe y ajuste los condimentos. Vierte la salsa sobre los rollitos de pollo y sirve.
3. Para 6.

Pollo al limón en olla de cocción lenta

INGREDIENTES

- 1 asador, recortado, o aproximadamente 3 1/2 libras de trozos de pollo
- 1 cucharadita de hoja de orégano seco desmenuzado
- 2 dientes de ajo, picados
- 2 cucharadas de mantequilla
- 1/4 taza de vino seco, jerez, caldo de pollo o agua
- 3 cucharadas de jugo de limón
- Sal y pimienta

PREPARACIÓN

1. Sazone los trozos de pollo con sal y pimienta. Espolvorea la mitad del ajo y el orégano sobre el pollo.
2. Derrite la mantequilla en una sartén a fuego medio y dora el pollo por todos lados.
3. Transfiera el pollo a la olla eléctrica. Espolvorea con el orégano y el ajo restantes. Agregue vino o jerez a la sartén y revuelva para aflojar los trozos dorados; vierte en la olla de cocción lenta.
4. Cubra y cocine a temperatura BAJA (200°) durante 7-8 horas. Agrega el jugo de limón la última hora.
5. Quite la grasa de los jugos y vierta en un tazón para servir; espesar los jugos, si lo desea.
6. Sirve el pollo con los jugos.
7. Para 4 personas.

Pollo desmenuzado cocido a fuego lento
INGREDIENTES

- 1 cucharada de mantequilla
- 1 taza de cebollas picadas
- 1/2 cucharadita de ajo picado
- 1 1/2 tazas de salsa de tomate
- 1/2 taza de mermelada de albaricoque o mermelada de durazno
- 3 cucharadas de vinagre de sidra
- 2 cucharadas de salsa inglesa
- 2 cucharaditas de humo líquido
- 2 cucharadas de melaza
- pizca de pimienta de Jamaica
- 1/4 cucharadita de pimienta negra recién molida
- 1/8 a 1/4 cucharadita de pimienta de cayena molida
- 1 libra de pechugas de pollo deshuesadas
- 1 libra de muslos de pollo deshuesados

PREPARACIÓN

1. En una cacerola mediana a fuego medio, derrita la mantequilla. Cuando la mantequilla esté espumosa, agregue las cebollas picadas y cocine, revolviendo, hasta que las cebollas se ablanden y se doren ligeramente. Agregue el ajo picado y cocine, revolviendo, aproximadamente 1 minuto más. Agregue salsa de tomate, mermelada de albaricoque, vinagre, salsa inglesa, humo líquido, melaza, pimienta de Jamaica, pimienta negra y cayena. Cocine a fuego lento durante 5 minutos.
2. Coloque 1 1/2 tazas de salsa en el recipiente para platos de la olla de cocción lenta.
3. Reserva la salsa restante; Colóquelo en un recipiente y guárdelo en el refrigerador hasta el momento de servir. Agrega los trozos de pollo a la olla de cocción lenta. Tape y cocine a temperatura BAJA durante 4 1/2 a 5 horas, o hasta que el pollo esté muy tierno y se desmenuce fácilmente. Con un tenedor, desmenuza los trozos de pollo.
4. Sirva sobre panecillos tostados con ensalada de col y salsa barbacoa extra.
5. Un menú también puede incluir ensalada de papas o papas al horno, junto con frijoles horneados, encurtidos y tomates en rodajas. Me gusta la ensalada de col y los pepinillos en mi barbacoa, pero otros aderezos pueden incluir aros de jalapeño, cebolla morada en rodajas finas, repollo rallado y tomates o pepinos en rodajas.
6. Sirve 8.

Salchicha Ahumada Y Repollo

INGREDIENTES

- 1 repollo pequeño, picado en trozos grandes

- 1 cebolla grande, picada en trozos grandes

- 1 1/2 a 2 libras de salchicha kielbasa polaca o ahumada, cortada en trozos de 1 a 2 pulgadas

- 1 taza de jugo de manzana

- 1 cucharada de mostaza Dijon

- 1 cucharada de vinagre de sidra

- 1 o 2 cucharadas de azúcar moreno

- 1 cucharadita de semillas de comino, opcional

- Pimienta al gusto

PREPARACIÓN

1. Coloque el repollo, la cebolla y la salchicha en capas en una olla de cocción lenta de 5 o 6 cuartos (para prepararlo en una olla de 3 1/2 cuartos, use menos repollo o déjelo hervir durante unos 10 minutos, luego escurra y agregue). Mezcle el jugo, la mostaza, el vinagre, el azúcar moreno y las semillas de comino, si las usa; vierta sobre los ingredientes de la olla de cocción lenta. Espolvorea con pimienta al gusto. Tapar y cocinar a fuego lento durante 8-10 horas. Sirva con papas y ensalada verde, si lo desea.

Pollo Español Con Arroz

INGREDIENTES

- 4 mitades de pechuga de pollo, sin piel
- 1/4 cucharadita de sal
- 1/4 cucharadita de pimienta
- 1/4 cucharadita de pimentón
- 1 cucharada de aceite vegetal
- 1 cebolla mediana, picada
- 1 chile rojo pequeño, picado (o chile asado picado)
- 3 dientes de ajo picados
- 1/2 cucharadita de romero seco
- 1 lata (14 1/2 oz) de tomates triturados
- 1 paquete (10 onzas) de guisantes congelados

PREPARACIÓN

1. Sazone el pollo con sal, pimienta y pimentón. En una sartén calienta el aceite a fuego medio y dora el pollo por todos lados. Transfiera el pollo a la olla de cocción lenta.
2. En un tazón pequeño, combine los ingredientes restantes, excepto los guisantes congelados. Vierta sobre el pollo. Cubra y cocine a temperatura baja de 7 a 9 horas o a temperatura alta de 3 a 4 horas. Una hora antes de servir, enjuague los guisantes en un colador con agua tibia para descongelarlos y luego agréguelos a la olla eléctrica. Sirva

este plato de pollo sobre arroz cocido caliente.

Muslos de pollo a la parrilla de Tami

INGREDIENTES

- 6 a 8 muslos de pollo congelados
- 1 botella de salsa barbacoa espesa

PREPARACIÓN

1. Coloque los muslos de pollo congelados en la olla de cocción lenta. Vierte la salsa barbacoa encima. Cubra y cocine a temperatura ALTA durante 6-8 horas.
2. •Nota: Si comienza con muslos de pollo descongelados, puede quitarles la piel o dorarlos primero para reducir la grasa y cocinar a temperatura BAJA durante 6 a 8 horas.

Mozzarella de pollo Crockpot de Tami

INGREDIENTES

- 4 cuartos de pierna de pollo
- 2 cucharadas de condimento con ajo y pimienta
- 1 lata de calabacines con salsa de tomate
- 4 onzas de mozzarella rallada

PREPARACIÓN

1. Coloca el pollo en la olla de cocción lenta y espolvorea con el condimento. Vierte los calabacines con salsa de tomate sobre el pollo. Cubra y cocine a temperatura BAJA durante 6-8 horas. Espolvorea con queso y hornea hasta que el queso se derrita, aproximadamente 30 minutos.

chile de pollo blanco

INGREDIENTES

- 4 mitades de pechuga de pollo deshuesadas, sin piel y cortadas en trozos de 1/2 pulgada
- 1/2 taza de apio picado
- 1/2 taza de cebolla picada
- 2 latas (14.5 onzas cada una) de tomates guisados, picados
- 16 onzas. medicina salsa o salsa picante
- 1 lata de garbanzos o frijoles del norte, escurridos
- 6 a 8 onzas. champiñones rebanados
- Aceite de oliva

PREPARACIÓN

1. Dorar el pollo en 1 cucharada de aceite de oliva. Picar el apio, la cebolla y los champiñones. Combine todos los ingredientes en una olla de cocción lenta grande; mezcle y cocine a fuego lento durante 6-8 horas. Sirva con picatostes o tacos. •Si te gusta picante, usa salsa picante o salsa picante.

Pollo y frijoles negros en olla de cocción lenta

INGREDIENTES

- 3-4 pechugas de pollo deshuesadas, cortadas en tiras
- 1 lata (de 12 a 15 onzas) de maíz, escurrida
- 1 lata (15 oz) de frijoles negros, enjuagados y escurridos
- 2 cucharaditas de comino molido
- 2 cucharaditas de chile en polvo
- 1 cebolla, partida por la mitad y en rodajas finas
- 1 pimiento verde, cortado en tiras
- 1 lata (14,5 onzas) de tomates cortados en cubitos
- 1 lata (6 onzas) de pasta de tomate

PREPARACIÓN

1. Combine todos los ingredientes en una olla de cocción lenta. Tapar y cocinar a fuego lento durante 5-6 horas.
2. Adorne con queso rallado, si lo desea. Sirva el pollo fiesta y los frijoles negros con tortillas de harina calientes o sobre arroz.
3. Para 4 personas.

Pollo y condimentos, olla de cocción lenta.

INGREDIENTES

- 1 bolsa de mezcla de relleno sazonada, de 14 a 16 onzas
- 3-4 tazas de pollo cocido en cubitos
- 3 latas de sopa de pollo
- 1/2 taza de leche
- 1 a 2 tazas de queso cheddar suave, rallado

PREPARACIÓN

1. Prepare el relleno según las instrucciones del paquete y colóquelo en una olla de barro de 5 cuartos. Agregue 2 latas de crema de pollo. En un bol, mezcle el pollo en cubos, 1 lata de crema de pollo y la leche. Distribuya sobre el relleno en la olla de cocción lenta. Espolvorea queso encima. Tape y cocine a fuego lento durante 4 a 6 horas o a fuego alto durante 2 a 3 horas.
2. Sirve de 6 a 8 porciones.

Pollo y champiñones, olla de cocción lenta.

INGREDIENTES

- 6 mitades de pechuga de pollo, con hueso y sin piel
- 1 1/4 cucharadita. sal
- 1/4 cucharadita. Pimienta
- 1/4 cucharadita. pimenton
- 2 cucharaditas de caldo de pollo en gránulos
- 1 1/2 tazas de champiñones rebanados
- 1/2 taza de cebollas verdes rebanadas
- 1/2 vaso de vino blanco seco
- 2/3 taza de leche evaporada
- 5 cucharaditas. maicena
- Perejil fresco picado
- arroz cocido caliente

PREPARACIÓN

1. En un tazón pequeño, mezcle sal, pimienta y pimentón. Frote la mezcla por todo el pollo.
2. En una olla de cocción lenta, alterne capas de pollo, gránulos de caldo, champiñones y cebollas verdes. Vierta sobre el vino. NO MEZCLAR.
3. Tape y cocine a temperatura ALTA durante 2 1/2 a 3 horas o a temperatura BAJA durante 5 a 6 horas, o hasta que el pollo

esté tierno pero sin despegarse del hueso. Si es posible, unte con mantequilla uno a mitad de la cocción.
4. Retire el pollo y las verduras a un plato con una espumadera.
5. Cubrir con film transparente y mantener caliente.
6. En una cacerola pequeña, combine la leche evaporada y la maicena hasta que quede suave. Agregue gradualmente 2 tazas del líquido de cocción. Revolviendo a fuego medio, hierva y hierva durante 1 a 2 minutos, o hasta que espese.
7. Vierte un poco de salsa sobre el pollo y decora con perejil picado. Sirva la salsa restante a un lado.
8. Servir con arroz cocido caliente.

Pollo y arroz parmesano, olla de cocción lenta

INGREDIENTES

- 1 bolsa de sopa de cebolla mixta
- 1 lata (10 3/4 onzas) de crema condensada de champiñones, baja en grasa
- 1 lata (10 3/4 onzas) de crema de pollo condensada, baja en grasa
- 1 1/2 tazas de leche baja en grasa o descremada
- 1 vaso de vino blanco seco
- 1 taza de arroz blanco
- 6 mitades de pechuga de pollo deshuesadas y sin piel
- 2 cucharadas de mantequilla
- 2/3 taza de parmesano rallado

PREPARACIÓN

1. Mezcle sopa de cebolla, cremas, leche, vino y arroz. Rocíe la olla de barro con pam. Coloque las pechugas de pollo en la olla de barro, cubra con 1 cucharadita de mantequilla, vierta sobre la mezcla de sopa y luego espolvoree con parmesano. Cocine a fuego lento durante 8 a 10 horas o a fuego alto durante 4 a 6 horas. Para 6.

Pollo y Camarones

INGREDIENTES

- 2 libras de pollo, muslos y pechuga deshuesados y sin piel, cortados en trozos
- 2 cucharadas de aceite de oliva virgen extra
- 1 taza de cebolla picada
- 2 dientes de ajo, picados
- 1/4 taza de perejil, picado
- 1/2 vaso de vino blanco
- 1 lata grande (15 onzas) de salsa de tomate
- 1 cucharadita de hojas secas de albahaca
- 1 libra de camarones crudos, pelados y limpios
- sal y pimienta negra recién molida, al gusto
- 1 libra de fettuccine, linguini o espagueti

PREPARACIÓN

1. En una sartén grande o sartén antiadherente a fuego medio, calienta el aceite de oliva. Agregue los trozos de pollo y cocine, revolviendo, hasta que estén ligeramente dorados. Retire el pollo de la olla de cocción lenta.
2. Añade un poco de aceite a la sartén y sofríe la cebolla, el ajo y el perejil durante 1 minuto aproximadamente. Retire del fuego y agregue el vino, la salsa de tomate y la albahaca seca. Vierta la mezcla sobre el pollo en una olla de cocción lenta.

3. Cubra y cocine a temperatura BAJA durante 4 a 5 horas.
4. Agregue los camarones, cubra y cocine a temperatura BAJA durante aproximadamente 1 hora más.
5. Sazone con sal y pimienta negra recién molida al gusto.
6. Justo antes de que el plato esté listo, cocine la pasta en agua hirviendo con sal como se indica en el paquete.

Receta De Pollo Y Relleno

INGREDIENTES

- 4 mitades de pechuga de pollo deshuesadas y sin piel
- 4 rebanadas de queso suizo
- 1 lata (10 1/2 onzas) de crema de pollo condensada
- 1 lata (10 1/2 onzas) de crema condensada de champiñones
- 1 taza de caldo de pollo
- 1/4 taza de leche
- 2 a 3 tazas de mezcla para relleno de hierbas Pepperidge Farm o mezcla para relleno casera
- 1/2 taza de mantequilla derretida • Ver las notas de Sandy
- Sal y pimienta para probar

PREPARACIÓN

1. Sazone las pechugas de pollo con sal y pimienta; coloque las pechugas de pollo en la olla de cocción lenta.

2. Vierta el caldo de pollo sobre las pechugas de pollo.

3. Coloca una rebanada de queso suizo en cada pechuga.

4. Combine ambas latas de sopa y leche. Cubre las pechugas de pollo con la mezcla de sopa.

5. Espolvorea la mezcla del relleno por encima de todo. Unte la mantequilla derretida encima.

6. Cocine a fuego lento durante 6-8 horas.

Pechugas de pollo en salsa criolla

INGREDIENTES

- 1 manojo de cebollas verdes (6 a 8, con la mayor parte de la parte verde)
- 2 rebanadas de tocino
- 1 cucharadita de condimento criollo o cajún
- 3 cucharadas de mantequilla
- 4 cucharadas de harina
- 3/4 taza de caldo de pollo
- 1 o 2 cucharadas de pasta de tomate
- 4 mitades de pechuga de pollo deshuesadas
- 1/4 a 1/2 taza de mitad y mitad o leche

PREPARACIÓN

1. En una cacerola, derrita la mantequilla a fuego medio-bajo. Agrega las cebollas y el tocino, cocina y revuelve durante 2

minutos. Agrega la harina, mezcla y cocina por 2 minutos más. Agrega el caldo de pollo; cocine hasta que espese y luego agregue la pasta de tomate. Coloque las pechugas de pollo en una olla de cocción lenta o de barro; agregue la mezcla de salsa. Tape y cocine a fuego lento durante 6-7 horas, revolviendo después de 3 horas. Agrega la leche unos 20-30 minutos antes de continuar. Sirva sobre pasta o arroz.
2. Para 4 personas.

Pollo Con Chili Y Sémola

INGREDIENTES

- 2 libras de pechugas de pollo, deshuesadas y sin piel, cortadas en trozos de 1 a 1 1/2 pulgada
- 1 cebolla mediana, picada
- 3 dientes de ajo, en rodajas finas
- 1 lata (15 oz) de maíz blanco, escurrido
- 1 lata (14 onzas) de tomates cortados en cubitos, sin escurrir
- 1 lata (28 onzas) de tomatillos, escurridos y picados
- 1 lata (4 oz) de chiles verdes suaves

PREPARACIÓN

1. Combine todos los ingredientes en la olla de cocción lenta; mezcle para combinar todos los ingredientes. Tape y cocine a fuego lento durante 7 a 9 horas o a fuego alto durante 4 a 4 1/2 horas.
2. Sirve de 4 a 6 porciones.

delicia de pollo

INGREDIENTES

- 6 a 8 pechugas de pollo deshuesadas y sin piel
- jugo de limon
- Sal y pimienta para probar
- sal de apio o sal aromatizada, al gusto
- pimentón, al gusto
- 1 lata de crema de apio
- 1 lata de sopa de champiñones
- 1/3 vaso de vino blanco seco
- parmesano rallado, al gusto
- arroz cocido

PREPARACIÓN

1. Enjuague el pollo; seco. Condimente con jugo de limón, sal, pimienta, sal de apio y pimentón. Coloca el pollo en una olla de cocción lenta. En un tazón mediano, mezcla las sopas con el vino. Vierta sobre las pechugas de pollo. Espolvorea con parmesano. Tapar y cocinar a fuego lento durante 6-8 horas. Sirva el pollo con la salsa sobre arroz cocido caliente y agregue el parmesano.
2. Sirve de 4 a 6 porciones.

Enchiladas de pollo para olla de cocción lenta

INGREDIENTES

- 1 paquete. pechugas de pollo (1 - 1 1/2 libras)
- 1 frasco de salsa de pollo
- 1 lata de 120 g de chiles verdes, picados
- 1 cebolla picada
- Tortillas de maiz
- queso rallado

PREPARACIÓN

1. Combine el pollo, la salsa, los chiles verdes y la cebolla picada en una olla de cocción lenta; tape y cocine a temperatura BAJA durante 5 a 6 horas. Retire el pollo de la salsa y desmenúcelo. Rellena las tortillas de maíz con pollo y salsa. Cubra con queso rallado y enrolle. Colóquelo en una bandeja para hornear. Vierta el exceso de salsa y espolvoree con más queso rallado. Hornee a 350° durante unos 15-20 minutos.
2. Sirve de 4 a 6 porciones.

Pollo Vegas

INGREDIENTES

- 6 mitades de pechuga de pollo deshuesadas y sin piel
- 1 lata de sopa de champiñones
- 1/2 pinta. cCrea agria
- 1 lata (6 oz.) de carne seca y desmenuzada

PREPARACIÓN

1. Agregue la sopa, la crema agria y la cecina. Enrolle el pollo en la mezcla, cubriéndolo bien; colóquelo en una olla de cocción lenta. Vierta la mezcla restante sobre el pollo. Tape y cocine a temperatura BAJA durante 5 a 7 horas, hasta que el pollo esté tierno pero no seco. Sirva con arroz o fideos calientes.
2. Para 6.

Pollo parisino para olla de cocción lenta

INGREDIENTES

- 6 a 8 pechugas de pollo
- sal, pimienta y pimentón
- 1/2 vaso de vino blanco seco
- 1 lata (10 1/2 oz.) de crema de champiñones
- 8 onzas de champiñones rebanados
- 1 taza de crema agria
- 1/4 taza de harina

PREPARACIÓN

1. Espolvorea las pechugas de pollo con sal, pimienta y pimentón. Colocar en una olla de cocción lenta. Revuelva el vino, la sopa y los champiñones hasta que estén bien combinados. Vierta sobre el pollo. Espolvorea con pimentón. Tape y cocine a fuego lento durante 6 a 8 horas, o hasta que el pollo esté tierno pero no demasiado seco. Mezcle la crema agria y la harina; agréguelo a la olla de barro. Cocine por unos 20 minutos más, hasta que esté completamente caliente.
2. Servir con arroz o pasta.
3. Sirve de 6 a 8 porciones.

Cazuela De Pollo Reuben, Olla De Cocción Lenta

INGREDIENTES

- 32 onzas de chucrut (frasco o bolsa), enjuagado y escurrido
- 1 taza de aderezo ruso
- 4 a 6 pechugas de pollo deshuesadas y sin piel
- 1 cucharada de mostaza preparada
- 1 taza de queso suizo o Monterey Jack rallado

PREPARACIÓN

1. Coloca la mitad del chucrut en el fondo de la olla. Vierta 1/3 de taza de aderezo encima; coloca 2 o 3 pechugas de pollo encima y unta la mostaza sobre el pollo. Adorne con el resto del chucrut y las pechugas de pollo; vierte otra taza de aderezo sobre todo y reserva la taza restante de aderezo para servir.
2. Tape y cocine a fuego lento durante aproximadamente 4 horas, o hasta que el pollo esté cocido y tierno. Espolvorea con queso suizo y cocina hasta que el queso se derrita.
3. Sirva con el aderezo reservado.
4. Sirve de 4 a 6 porciones.

Pollo con arándanos

INGREDIENTES

- 6 pechugas de pollo deshuesadas y sin piel
- 1 cebolla pequeña, picada
- 1 taza de arándanos frescos
- 1 cucharadita de sal
- 1/4 cucharadita de canela molida
- 1/4 cucharadita de jengibre molido
- 3 cucharadas de azúcar moreno o miel
- 1 taza de jugo de naranja
- 3 cucharadas de harina mezcladas con 2 cucharadas de agua fría

PREPARACIÓN

1. Coloque todos los ingredientes, excepto la mezcla de harina y agua, en la olla de cocción lenta o de barro. Tapar y cocinar a fuego lento durante 6-7 horas, hasta que el pollo esté tierno. Agregue la mezcla de harina durante los últimos 15 a 20 minutos y cocine hasta que espese. Pruebe y ajuste los condimentos.
2. Para 4 personas.

Pollo con salsa y salsa, olla de cocción lenta.

INGREDIENTES

- 1 paquete (6 onzas) de relleno rallado sazonado (una mezcla de relleno tipo "para estufa")

- 1 papa grande, cortada en cubos pequeños

- 1 manojo de cebollas verdes, picadas

- 2 ramas de apio, picadas

- 1/2 taza de agua

- 3 cucharadas de mantequilla, cantidad dividida

- 1 cucharadita de condimento para aves, cantidad dividida

- 1 a 1 1/2 libras de filetes de pollo o pechugas deshuesadas

- 1 frasco (12 onzas) de salsa de pollo, como la salsa de pollo casera Heinz

PREPARACIÓN

1. En una olla ligeramente untada con mantequilla o rociada, mezcle las migas de relleno con la papa cortada en cubitos, la cebolla verde, el apio, 2 cucharadas de mantequilla derretida y 1/2 taza de agua. Espolvoree con aproximadamente 1/2 cucharadita de condimento para aves. Cubra el relleno con trozos de pollo; rocíe con la mantequilla restante y el condimento para aves. Vierta la salsa sobre el pollo. Tapar y cocinar a fuego lento durante 6-7 horas.

Pollo con macarrones y queso gouda ahumado

INGREDIENTES

- 1 1/2 libras de pollo tierno, deshuesado
- 2 calabacines pequeños, cortados por la mitad y en rodajas de 1/8 de pulgada de grosor
- 1 paquete de mezcla de salsa de pollo (aproximadamente 1 onza)
- 2 cucharadas de agua
- Sal y pimienta para probar
- una pizca de nuez moscada molida, fresca si es posible
- 8 onzas de queso Gouda ahumado, rallado
- 2 cucharadas de leche evaporada o crema líquida
- 1 tomate grande, picado
- 4 tazas de macarrones cocidos o pasta de concha pequeña

PREPARACIÓN

1. Corta el pollo en cubos de 1 pulgada; colóquelo en una olla de cocción lenta. Agrega los calabacines, la salsa, el agua y los condimentos. Tapar y cocinar durante 5-6 horas a fuego lento. Agrega a la olla el gouda ahumado, la leche o nata y el tomate picado durante los últimos 20 minutos o mientras se cocinan los macarrones. Agregue los macarrones cocidos calientes.
2. Receta de pollo para 4 personas.

Pollo Con Cebolletas Y champiñones, Olla De Cocción Lenta

INGREDIENTES

- 4 a 6 pechugas de pollo deshuesadas, cortadas en trozos de 1 pulgada
- 1 lata (10 3/4 onzas) de crema de pollo o crema de pollo y champiñones
- 8 onzas de champiñones rebanados
- 1 bolsa (16 onzas) de cebollas perla congeladas
- Sal y pimienta para probar
- perejil picado, para decorar

PREPARACIÓN

1. Lavar el pollo y secarlo. Córtelo en trozos de aproximadamente 1/2 a 1 pulgada y colóquelo en un tazón grande. Agrega la sopa, los champiñones y la cebolla; revuelve para combinar. Rocíe el inserto de la olla de cocción lenta con aceite en aerosol.
2. Vierte la mezcla de pollo en la olla y espolvorea con sal y pimienta.
3. Tape y cocine a temperatura BAJA durante 6 a 8 horas, revolviendo a la mitad, si es posible.
4. Adorne con perejil fresco picado, si lo desea, y sirva sobre arroz cocido caliente o con papas.
5. Sirve de 4 a 6 porciones.

Pollo Con Piña

INGREDIENTES

- 1 a 1 1/2 libras de filetes de pollo, cortados en trozos de 1 pulgada
- 2/3 tazas de mermelada de piña
- 1 cucharada más 1 cucharadita de salsa teriyaki
- 2 dientes de ajo, en rodajas finas
- 1 cucharada de cebolla seca picada (o 1 manojo de cebollas verdes frescas, picadas)
- 1 cucharada de jugo de limón
- 1/2 cucharadita de jengibre molido
- una pizca de cayena, al gusto
- 1 paquete (10 oz) de guisantes dulces, descongelados

PREPARACIÓN

1. Coloque los trozos de pollo en la olla de cocción lenta/cocina de barro.
2. Combine las conservas, la salsa teriyaki, el ajo, la cebolla, el jugo de limón, el jengibre y la cayena; mezclar bien. Vierta sobre el pollo y revuelva para cubrir.
3. Tapar y cocinar a fuego lento durante 6-7 horas. Agrega los guisantes durante los últimos 30 minutos.
4. Para 4 personas.

Pollo Capitán Country

INGREDIENTES

- 2 manzanas Granny Smith medianas, sin corazón y cortadas en cubitos (sin pelar)
- 1/4 taza de cebolla finamente picada
- 1 pimiento verde pequeño, sin semillas y finamente picado
- 3 dientes de ajo picados
- 2 cucharadas de pasas o grosellas
- 2 o 3 cucharaditas de curry en polvo
- 1 cucharadita de jengibre molido
- 1/4 cucharadita de pimiento rojo molido o al gusto
- 1 lata (aproximadamente 14 1/2 oz) de tomates cortados en cubitos
- 6 mitades de pechuga de pollo deshuesadas y sin piel
- 1/2 taza de caldo de pollo
- 1 taza de arroz blanco de grano largo convertido
- 1 libra de camarones medianos a grandes, sin cáscara y deshuesados, crudos, opcional
- 1/3 taza de almendras fileteadas
- sal kosher
- Perejil picado

PREPARACIÓN

1. En una olla de cocción lenta de 4 a 6 cuartos, combine las manzanas picadas, la cebolla, el pimiento morrón, el ajo, las pasas o grosellas doradas, el curry en polvo, el jengibre y el pimiento rojo molido; agregue los tomates.
2. Coloca el pollo sobre la mezcla de tomate, superponiendo ligeramente los trozos. Vierta el caldo de pollo sobre las mitades de pechuga de pollo. Tape y cocine a temperatura BAJA hasta que el pollo esté muy tierno al pincharlo con un tenedor, aproximadamente de 4 a 6 horas.
3. Retire el pollo a una fuente caliente, cúbralo ligeramente y manténgalo caliente en un horno o calentador a 200 °F.
4. Agrega el arroz al líquido de cocción. Aumentar la temperatura al máximo; tape y cocine, revolviendo una o dos veces, hasta que el arroz esté casi tierno, aproximadamente 35 minutos. Agregue los camarones, si los usa; tapa y cocina unos 15 minutos más, hasta que los camarones estén opacos en el centro; corte para probar.
5. Mientras tanto, tuesta las almendras en una sartén antiadherente pequeña a fuego medio hasta que estén doradas, revolviendo ocasionalmente. Poner a un lado.
6. Para servir el plato, sazona la mezcla de arroz al gusto con sal. Montar en una fuente caliente para servir; coloque el pollo encima. Espolvorea con perejil y almendras.

Pollo campestre y champiñones

INGREDIENTES

- 1 frasco de salsa campestre
- 4-6 pechugas de pollo
- 8 onzas de champiñones rebanados
- Sal y pimienta para probar

PREPARACIÓN

1. Combina todos los ingredientes; tape y cocine a fuego lento durante 6-7 horas. Servir con arroz o pasta.
2. Sirve de 4 a 6 porciones.

PAG

ollo de arándanos

INGREDIENTES

- 2 libras de pechuga de pollo deshuesada y sin piel
- 1/2 taza de cebolla picada
- 2 cucharaditas de aceite vegetal
- 2 cucharaditas de sal
- 1/2 cucharadita de canela molida
- 1/4 cucharadita de jengibre molido
- 1/8 cucharadita de nuez moscada molida
- pizca de pimienta de Jamaica molida
- 1 taza de jugo de naranja
- 2 cucharaditas de cáscara de naranja finamente rallada
- 2 tazas de arándanos frescos o congelados
- 1/4 taza de azúcar morena

PREPARACIÓN

1. Dorar los trozos de pollo y la cebolla en aceite; espolvorear con sal.
2. Agregue el pollo dorado, las cebollas y otros ingredientes a la olla de barro.
3. Cubra y cocine a temperatura BAJA de 5 1/2 a 7 horas.
4. Si lo desea, espese los jugos hacia el final del tiempo de cocción con una mezcla de aproximadamente 2 cucharadas de maicena combinadas con 2 cucharadas de agua fría.

Pollo Cremoso Italiano

INGREDIENTES

- 4 mitades de pechuga de pollo deshuesadas y sin piel
- 1 bolsa de aderezo italiano para ensaladas
- 1/3 taza de agua
- 1 paquete (8 onzas) de queso crema, ablandado
- 1 lata (10 3/4 oz.) de crema de pollo condensada, sin diluir
- 1 lata (4 onzas) de tallos y trozos de champiñones, escurridos
- Arroz o fideos cocidos calientes

PREPARACIÓN

1. Coloque las mitades de pechuga de pollo en una olla de cocción lenta. Combine el aderezo para ensalada y el agua; vierte sobre el pollo. Cubra y cocine a temperatura BAJA durante 3 horas. En un tazón pequeño, mezcle el queso crema y la sopa hasta que se combinen. Agrega los champiñones. Vierta la mezcla de queso crema sobre el pollo. Cocine de 1 a 3 horas más o hasta que el jugo del pollo salga claro. Sirva el pollo italiano con arroz o fideos cocidos calientes.
2. Para 4 personas.

Lasaña De Pollo Crockpot

INGREDIENTES

- 2 mitades grandes de pechuga de pollo, deshuesadas
- 2 ramas de apio picadas
- 1 cebolla pequeña, picada o 1 a 2 cucharadas de cebolla seca picada
- 1/2 cucharadita de tomillo
- Sal y pimienta para probar
- 6 a 9 lasañas
- 1 paquete de espinacas congeladas, descongeladas y exprimidas
- 6 onzas de champiñones frescos, en rodajas gruesas, o 1 lata de 4 a 8 onzas
- 1 1/2 tazas de mezcla de queso cheddar y americano rallado
- 1 lata de crema de champiñones "light"
- 1 lata de tomates con chiles verdes
- 1 paquete (1 onza) de mezcla de salsa de pollo seca
- 3/4 taza de caldo reservado

PREPARACIÓN

1. En una cacerola de 2 cuartos, cocine a fuego lento las pechugas de pollo con apio, cebolla, tomillo, sal y pimienta hasta que estén tiernas, aproximadamente 25 minutos. Retire el pollo y déjelo enfriar; cortar en trozos pequeños o picarlos. Reserva 3/4 taza de caldo. Deseche el caldo restante o congélelo para usarlo en otra receta. Corta la

lasaña por la mitad; Hervir durante unos 5-8 minutos, hasta que esté un poco flexible. Escurrir y enjuagar con agua fría para facilitar su manipulación.
2. En un tazón mediano, combine la sopa, los tomates, la salsa y el caldo reservado. En una olla de cocción lenta o de barro de 3 1/2 a 4 cuartos, vierta 3/4 taza de la mezcla de sopa. Coloque de 4 a 6 mitades de lasaña encima de la mezcla de sopa. Agrega 1/3 de las espinacas, 1/3 del pollo, 1/3 de los champiñones y 1/2 taza de queso rallado. Vierta otra 3/4 taza de mezcla de sopa sobre todo. Repita las capas 2 veces más, terminando con la mezcla de sopa restante. Tapar y cocinar a fuego lento durante 4 o 5 horas. Si se cocinan por mucho tiempo, los fideos pueden volverse blandos, así que revíselos después de aproximadamente 4 1/2 horas.
3. Para 4 personas.

Cazuela Reuben De Pollo Crockpot

INGREDIENTES

- 2 bolsas (16 onzas cada una) de chucrut, enjuagadas y escurridas
- 1 taza de aderezo para ensalada rusa ligero o bajo en calorías, cantidad dividida
- 6 mitades de pechuga de pollo deshuesadas y sin piel
- 1 cucharada de mostaza preparada
- 4 a 6 lonchas de queso suizo
- perejil fresco, para decorar, opcional

PREPARACIÓN

1. Coloque la mitad del chucrut en una olla de cocción lenta eléctrica de 3 1/2 cuartos. Espolvorea con aproximadamente 1/3 de taza del aderezo. Cubra con 3 mitades de pechuga de pollo y unte mostaza sobre el pollo. Adorne con el resto del chucrut y las pechugas de pollo. Vierta otra taza de aderezo sobre la cazuela. Refrigere el aderezo restante hasta que esté listo para servir. Tape y cocine a fuego lento durante aproximadamente 3 1/2 a 4 horas, o hasta que el pollo esté completamente blanco y tierno.
2. Para servir, vierta la cazuela en 6 platos. Adorna con una loncha de queso y sazona con unas cucharaditas de salsa rusa. Sirva inmediatamente, adornado con perejil fresco, si lo desea.
3. Para 6.

Pollo Crockpot Robusto

INGREDIENTES

- 4 a 8 pechugas de pollo deshuesadas y sin piel
- 1 botella (8 onzas) de aderezo italiano Wishbone Robusto
- 1 libra de fideos de huevo en bolsa
- 4 onzas. cCrea agria
- 1/2 taza de queso parmesano, y más para servir

PREPARACIÓN

1. Coloque las pechugas de pollo en la olla de barro. Vierta sobre el aderezo italiano. Cubra y cocine a temperatura baja durante 7 horas o a temperatura alta durante 3 1/2 horas. Retire el pollo de la olla; dejar el calor encendido. Agrega la mitad de la crema agria a los jugos y revuelve hasta que se disuelva. Calentar.
2. Cocer los tallarines y escurrirlos bien. Agregue la crema agria restante y el parmesano a los fideos y revuelva hasta que se derrita. Sirve el pollo sobre los fideos y vierte la salsa sobre el pollo.
3. Espolvorea con parmesano al gusto.

Pollo Crockpot Con Alcachofas

INGREDIENTES

- 1 1/2 a 2 libras de mitades de pechuga de pollo deshuesadas y sin piel
- 8 onzas de champiñones frescos rebanados
- 1 lata (14,5 onzas) de tomates cortados en cubitos
- 1 paquete de alcachofas congeladas, de 8 a 12 onzas
- 1 taza de caldo de pollo
- 1/2 taza de cebolla picada
- 1 lata (3-4 onzas) de aceitunas maduras en rodajas
- 1/4 taza de vino blanco seco o caldo de pollo
- 3 cucharadas de tapioca de cocción rápida
- 2 cucharaditas de curry en polvo o al gusto
- 3/4 cucharadita de tomillo seco, picado
- 1/4 cucharadita de sal
- 1/4 cucharadita de pimienta
- 4 tazas de arroz cocido caliente

PREPARACIÓN

1. Enjuague el pollo; secar y reservar. En una olla de cocción lenta de 3 1/2 a 5 cuartos combine los champiñones, los tomates, los corazones de alcachofa, el caldo de pollo, la cebolla picada, las aceitunas en rodajas y el vino. Agrega la tapioca, el curry en polvo, el tomillo, la sal y la pimienta. Agrega el pollo a la olla; vierte un poco de la mezcla de tomate sobre el pollo.
2. Tape y cocine a temperatura BAJA durante 7 a 8 horas o a temperatura ALTA durante 3 1/2 a 4 horas. Servir con arroz cocido caliente.
3. Para 6-8 porciones.

www.ingramcontent.com/pod-product-compliance
Lightning Source LLC
Chambersburg PA
CBHW050150130526
44591CB00033B/1229